未完の天才 南方熊楠

志村真幸

講談社現代新書

2710

はじめに

南方熊楠という天才

南方熊楠《みなかたくまぐす》（一八六七〜一九四一年）の魅力は、「未完の天才」という点にある。驚くほど多方面で才能を発揮し、生物研究ではキノコ、変形菌（粘菌）、シダ植物、淡水藻、貝類、昆虫、水棲爬虫類と幅広く扱い、熊楠の名が学名に付いた新種も少なくない。昭和天皇に「ご進講」といって生物学の講義をしたこともあった。人類学、民俗学、比較文化、江戸文芸、説話学、語源学といった人文科学系の分野でも業績が多い。

国際的な活躍もめざましく、世界最高峰の科学誌である「ネイチャー」には五一篇、同じくイギリスの「ノーツ・アンド・クエリーズ（以下、N＆Q）」には三二四篇もの英文論考が掲載された。キノコを巧みにスケッチしたかと思えば、十数ヵ国語を解し、また環境保護にとりくんだことで「エコロジーの先駆者」とも呼ばれる。とてつもない記憶力を誇り、十数年前にとったノートの内容をそらで思いだすことができた。ロンドン抜書や田辺抜書《ばっしょ》といったノートに数万ページにおよぶ筆写をおこない、「人類史

アメリカ時代の南方熊楠
1891年7月30日、24歳
（南方熊楠顕彰館、田辺市）

上、もっとも字を書いた」といわれることもある。

熊楠は説明できない

我々熊楠研究者は、しばしば「熊楠って何をしたひとなんですか？」と質問されるが、簡単には回答できない。右に記したようなことをいろいろ並べるしかない。思想家とか科学者とか政治運動家とかいった、個別の分類にはあてはまらない人物。それが熊楠なのである。

そしてもうひとつ困るのが、「熊楠って、結局、何をなしとげたんですか？」という質問だ。熊楠はありあまるほどの才能をもっていた。とてつもない努力家でもあった。しかし、熊楠の仕事はほとんどが未完に終わっているのである。睡眠中に見る夢のもつ意味を一生をかけて追い求めたが、最終的な結論は出ていない。柳田国男とともに日本の民俗学の礎《いしずえ》を築いたものの、途中で喧嘩別れしてしまった。キノコの新種をいくつも発見していたのに、ほとんど発表していない。英語でも日本語でも多数の論考を書いたが、集大成となるような本はついに出版されずに終わっている。神社林を保護するために、日本で最初期にエコロジーの語を導入したが、もっとも大切な神社については守れなかった。

わたしは熊楠を研究して、今年（二〇二三年）で二二年になる。その感触からいうと、熊楠の魅力はこうした未完なところにあるのだと思う。ものすごい天賦《てんぷ》の才能をもち、ひとを惹きつけるキャラクターを備え、いかにも大きな仕事ができそうである。巨大な「可能性」の塊といえる。ところが、中央の学会に認められない在野のままであったり、不遇のうちにロンドンから帰国しなければならなかったり、経済的に苦しい状況がつづいたりと、その力を発揮する機会が充分に得られなかった。もし熊楠が心ゆくまで仕事のできる環境にあったならば……！　そうしたifが、ひとびとを熊楠に惹きつけるのだ。未完であるがゆえの、無限の可能性とでもいえようか。

いっぽうで、なぜ熊楠が仕事を完成させなかったのかについて、とても不思議に感じてもいる。もったいなく、歯がゆく思う。キノコの図鑑をまとめたり、民俗学の大著を出したりしていれば、ずっと高く評価され、大学でのポストや名声も得られただろうに。しかし、なぜか熊楠は完成を嫌う。未完性は、熊楠をめぐる最大の謎なのである。

未完の理由に迫る

本書では、最新の研究成果や新発見資料をとりあげつつ、熊楠が発揮した天才性を紹介するとともに、その未完性について追求していきたい。なぜ未完でありつづけたのかといえば、まず第一に熊楠が手を付けたのがいずれも難しい分野だったことが指摘できる。夢の研究は現在でも進んでいないし、民俗学は当時まだ始まったばかりで方向性すらわからない状態だった。日本のキノコは、いまも名前すら付いていない種類がめずらしくない。どれも難問で、簡単には答えの出ないテーマばかりだ。こうした問題ばかり選んだのは、なぜだったのだろうか。

さらにアウトプットとインプットという側面にも迫りたい。これまで熊楠に関しては著書や論考、書簡などの表《おもて》にあらわれたもの、すなわちアウトプットの側面が主に知られていたが、近年では抜書やキノコの採集記録といったインプットの部分に関する研究が急速に進んでいる。日記についても、活字になっていなかった後半生の分まではとんど解読が終わり、最晩年まで夢の記録を付けていたことがわかってきた。

熊楠は大学で教えたことは一度もなく、一生を在野のアマチュアとして過ごした。生活のために研究をしていたわけではないのである。現在の研究者は、ポストや生活のために間断なくアウトプットを求められている。しかし、熊楠をアウトプットだけで判断していいものだろうか。熊楠は何を目的として学問にとりくんでいたのか。研究のゴールをどこに設定していたのか。それを知るには、熊楠のインプットを見なければならない。これに関連して本書では、「仕事を完成させること」や学問からの引退といったテーマも扱っていく。

熊楠は幕末の一八六七年に生まれて、第二次大戦中の一九四一年に亡くなった。その人生は、日本が開国して外国の知識をどんどん吸収し、いっぽうで日本独自の文化をつくりあげていった時代と重なる。熊楠はアメリカやイギリスで長く生活を送り、国際的な学術空間で活躍し、そうかと思うと日本の民俗や江戸文芸に関する業績も多い。中国や日本を広く包含した「東洋」というアイデンティティをもち、西欧に対抗しようという意識も強かった。熊楠は近代日本を象徴する人物でもあるのだ。熊楠の未完性は、日本の歴史とも重なるのかもしれない。
熊楠の仕事はいまもなお完成していない。すでに没後八〇年以上がたつが、熊楠が扱ったテーマは現在も有効であり、解決されていないものが多い。夢のもつ意味やエコロジーがまさにそうであり、とくにエコロジーなどは、簡単に結論を出し、終わったことにしてしまってはならない問題だ。本書は、その未完性を通じて、熊楠と現代社会とのつながりを探す旅でもある。

本書では、熊楠の文章は現代語訳して示した。現代人には馴染みのない表現が多く、熊楠関係者のあいだでも、その読みにくさが新たなファン獲得の最大の障壁になっていると問題視されているためである。
［　］内は筆者による補足や注記、［……］は中略を示す。

目次

第五章　神社合祀反対運動と「エコロジーの先駆者」

第一章　記憶力——百科事典を暗記する

百科事典をまるまる記憶して書き写したという「伝説」

熊楠には、異様なまでの天才にまつわるエピソードが多い。なかでも有名なものに、少年のころに近所の家にあった百科事典を読んで、すっかり憶えてしまい、帰宅してから正確に書き起こしたという「伝説」がある。超人的な記憶力を示すもので、熊楠本人が六〇歳近くになって記した「履歴書」（図1－1）と呼ばれる書簡では、こんなふうに語られている。

小生は次男で、幼少から学問を好み、書籍を求めて八、九歳のころから二、三キロも走っていって借覧し、ことごとく記憶して帰り、反故《ほご》紙に写し出し、くりかえし読みました。『和漢三才図会《わかんさんさいずえ》』一〇五巻を三年かかって写しました。

『和漢三才図会』（図1－2）とは、大坂の医師である寺島良安が著した江戸期の百科事典で、全一〇五巻八一冊からなる。成立時期は一七一二～一三年ごろとされ、明の王圻《おうき》による類書（中国の百科事典）の『三才図会』（一六〇七年完成）を日本に合わせて編

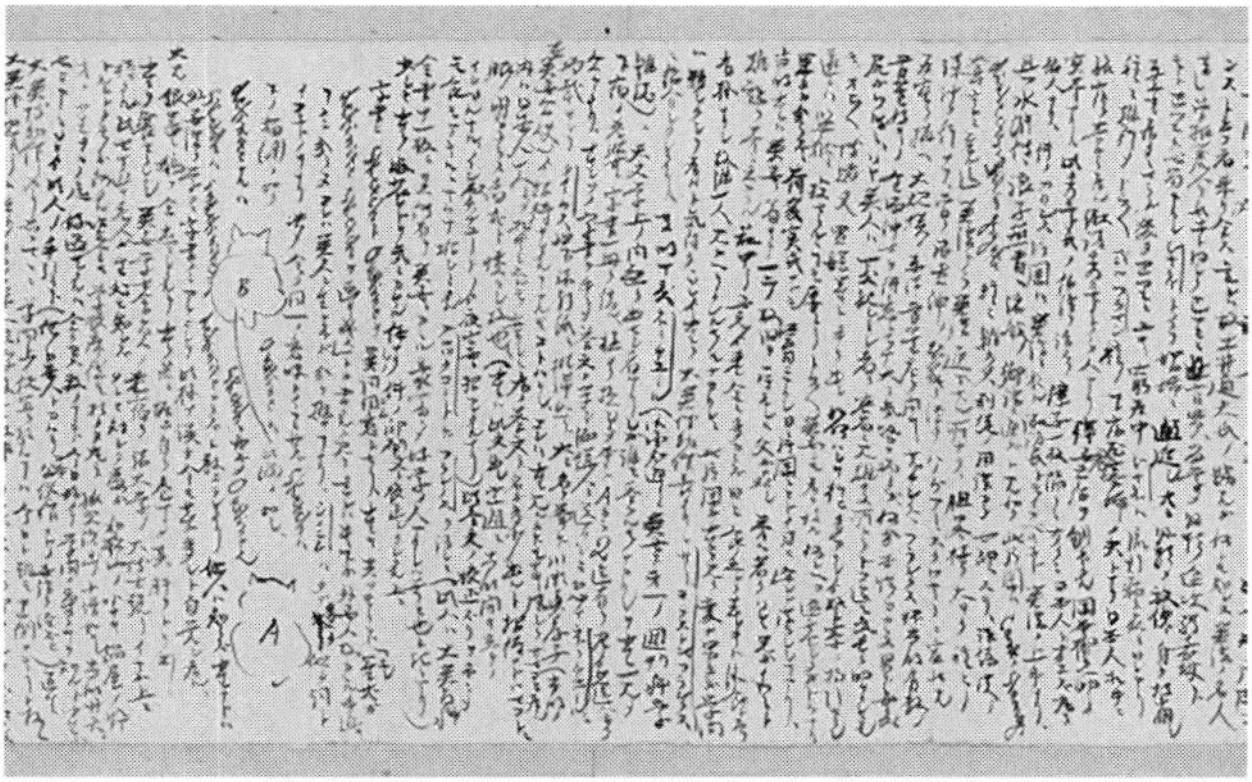

図1-1　熊楠の「履歴書」（南方熊楠顕彰館、田辺市）

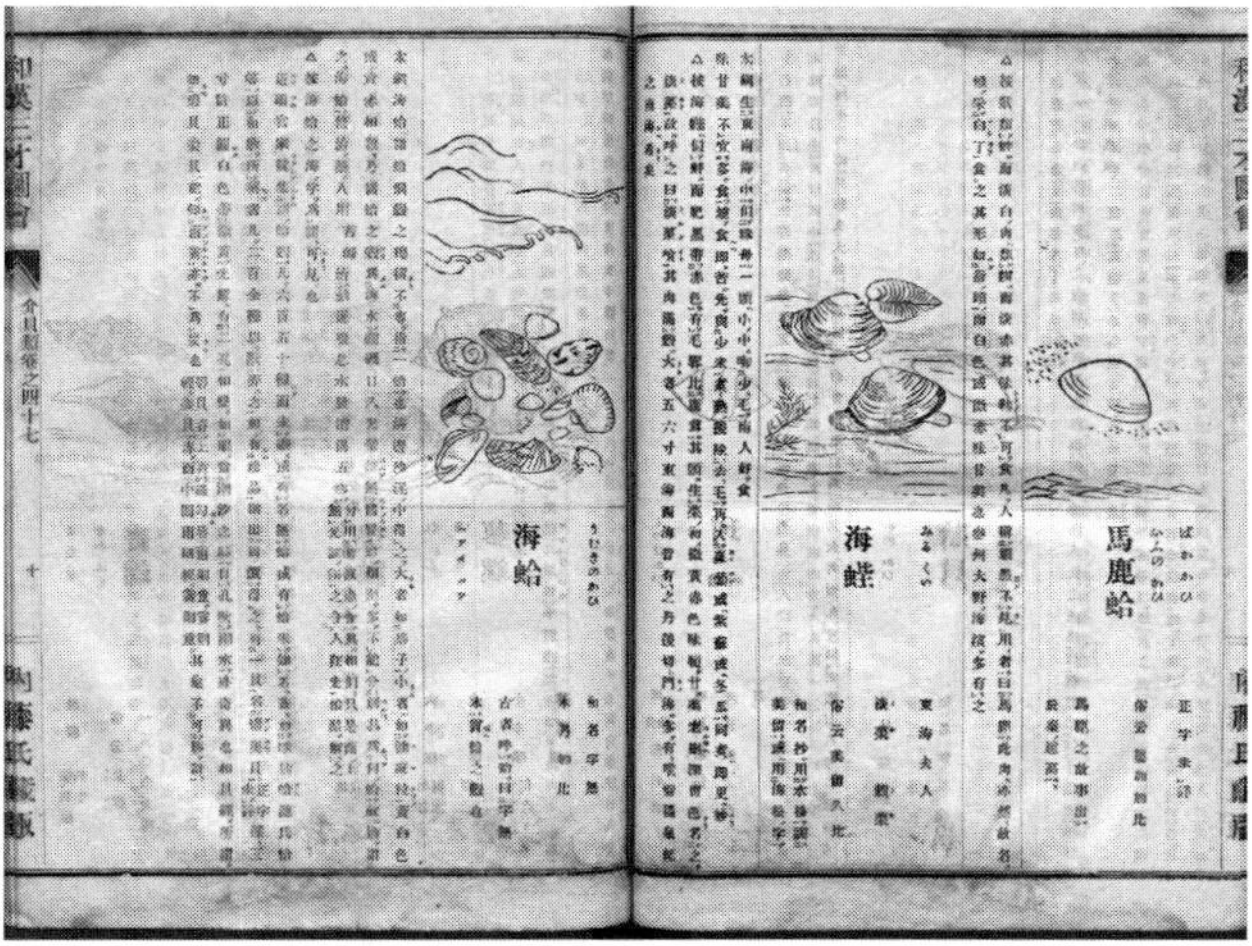

図1-2　『和漢三才図会』。漢文で書かれているのがわかる

纂しなおし、気象、動植物、医学、兵器、刑罰など、分野別に多様な知識が並べられている。

わたしが講演会などで、熊楠が百科事典を暗記していたと話すと、『ブリタニカ国際大百科事典』（ブリタニカ・ジャパン、一九九五〜二〇〇二年、第三版、全二〇巻）や『世界大百科事典』（平凡社、二〇〇七年版、全三四巻）のようなものを想像する方が多いが、さすがにそこまで大部のものではない。それでものちに熊楠が愛用した『和漢三才図会』（中近堂版、一八八四〜一八八八年、全四巻。少年時代の熊楠が扱った版の詳細は不明）は、合計で四九三五ページにもなる。三年かかったと述べているとはいえ、すべて記憶するなど、本当に可能だったのだろうか。

熊楠の驚異的な記憶力には、多くのひとたちが衝撃を受け、本当なのかどうかの調査が進められてきた。重要な手がかりとなったのが、一八八一年、すなわち熊楠が『和漢三才図会』を書写している最中に記された「和漢三才図会抜抄略言」である。

この本は大部にわたるがゆえをもって、余はこれを買うことができなかった。旧友の津村多賀三郎氏よりこれを借り、初めて読むことができた。そのあと、これを写すこと若干冊なおいまだ完成に至らず。しかし、すでに期日が来てしまった。そのため、ここに一部を抜き書きし、それによって完成したもののように、とりつくろっておくのである。

こちらでは記憶して帰ったのではなく、本を借りてきて、それを写したと書かれている。「履歴書」と比べると、あきらかに異なっている。しかも、すべては写せなかったらしい。はたして真実はどこにあるのだろうか。

ボロボロの『和漢三才図会』

わたしが和歌山県田辺市にある南方熊楠旧邸を初めて訪れたのは、二〇〇一年三月二七〜三一日のことだった。もともとイギリス湖水地方の観光開発を研究したくて大学院に進んだのだが、指導教員の川島昭夫さんが熊楠の資料整理に関わっており、「おまえ、ちょうどいいから」と連れていかれ、旧邸の遺品すべてを目録化する作業に従事することになったのである。

すでに変形菌（粘菌）の標本や菌類図譜は国立科学博物館に移管されており、高等植物やシダ植物の標本についても、地元の生物研究者である後藤岳志さん、土永《どえい》浩史さん、土永知子さんらによって調査されていた。とりくむべきは、原稿、書簡、図書、雑誌、写真、新聞切り抜き、実験器具といった資料であった。

熊楠研究は、地元のひとびとと外部の研究者が緊密な連携をとっておこなわれてきたのが特徴だ。熊楠は生物学、人類学、民俗学、江戸文芸、環境保護運動、柑橘類栽培と、とてつもなく守備範囲が広い。蔵書を見ても、漢籍(中国書)、江戸以前の和本、近代以降の日本書、さらに洋書や洋雑誌には英語、フランス語、ドイツ語、スペイン語、イタリア語、ロシア語などがふくまれている。ひとりの研究者では、とうていカバーできない。そのため、各方面からエキスパートたちが集められたのである。

わたしは洋書と明治以降の日本書を調査するチームに配属され、やがて和洋の雑誌類も担当するようになる。図書類は旧邸の蔵(「書庫」)と離れ(「書斎」)を中心に置かれており、キノコの図鑑にびっしりメモが書きこまれていたり、漢籍にあちこち挿紙がされていたりと、熊楠の息吹がそここに感じられた。古い蔵には空調設備などあるはずもなく、毎年八月の調査のときには蒸し暑く、三月には底冷えするうえに熊野の杉林から飛んでくる花粉に苦しめられ、肉体的にはつらい調査であった。まあ、いまではいい思い出である。

実際におこなう作業は単純で、川島さんや奈良女子大学の横山茂雄さん、市の職員たちとタッグを組み、一冊ずつ書名や出版年、書き入れの有無などをチェックしていく。そんななかで、とくに目を引いたのが中近堂版の『和漢三才図会』であった。見るからに使いこまれ、ボロボロになっている。上巻は真ん中あたりで割れて、完全に二つに分かれている。書き入れも大量にある。これは重要な資料だと、ひとめでわかった。ただ、あまりに状態が悪く、とりだすたびにかけらがこぼれ落ちるくらいで、ほとんど手も触れられない。実際、上巻については二冊だと誤認されており、蔵書目録をまとめる最終段階になって、ようやく一冊が割れてこうなっているのだと判明したほどだった。

『和漢三才図会』の状態が悪いのは、熊楠が使いまくったのも一因だが、一般にこの時期の本は劣化が進んでいることが多い。明治維新後に新しい製紙技術が入ってくると、日本でも書籍が洋紙でつくられるようになる。洋紙にインクで印刷する場合、にじみ止めが必要になり、その薬剤を定着させるのに硫酸アルミニウムが用いられた。そのなかにふくまれる硫酸イオンが空気中の水分と結合することで、紙のなかに酸が生じていく。いわゆる酸性紙問題で、酸が紙の成分のセルロースを加水分解して、粉のように崩れてしまうのである。

それでも慎重に調査が進められた結果、上巻の書き入れが判読され、熊楠自身と『和漢三才図会』の関係を語った「南方熊楠辞」という重要な文章が見つかったのである。日付は一八九〇年四月一七日。その三日前に日本にいる弟の常楠《つねぐす》から、アメリカ留学中の熊楠にこの本が送られてきたという。つづけて、熊楠と『和漢三才図会』の出会いについて語られる。それによれば、小学校に入る以前から、友人の山本（東）義太郎に聞いて『和漢三才図会』のことは知っていた。実物は目にしていないようだが、山本が野槌《のづち》蛇（ツチノコ）のことなどを書き抜いてきてくれ、とても嬉しかったという。これが熊楠が「抜書」（第六章で詳述）の魅力に目覚めたきっかけだったのかもしれない。

やがて一〇歳のころ、近所の本屋で七円で売りに出されたことを知って母親にねだったものの、父親にぜいたくだと叱責され、手に入れられなかった。そして前述のように津村家にあることを知り、雄《お》小学校の最上級生のときに貸してもらうことができた。一八七九年正月のことである。まずは最初の七冊を借りて写し、そのあとも少しずつ借りては写しをつづけ、一八八一年春までかかって「一〇五巻をことごとく細字にて写し終わった」と記されている。終わりのほうには、「この書はわたしの伝記の半分をなしている」といった言葉も見える。

いささか話はそれるが、「細字にて」と書かれていることに、熊楠研究者としては「ああ……」とうんざり半分、納得半分な気分にさせられる。のちの熊楠の日記や抜書は、とにかく小さな字でびっしりと書かれ、しかも字があまりていねいでないこともあり、きわめて読みにくい。研究者泣かせなのである。ここがその出発点だったのか、とため息をつきたくなる。おそらく紙も墨も高価で手に入りにくく、少年熊楠としては精いっぱいの工夫だったのだろうが……。

さて、ここではまた全文を写し終わったことになっている。結局、熊楠は全文を写したのか、写せなかったのか。そろそろ結論に入ろう。熊楠が『和漢三才図会』を書写したノートが南方熊楠記念館（和歌山県白浜町）に七冊、旧邸に隣接する南方熊楠顕彰館（同、田辺市）に二冊現存する（図1－3）。熊楠はこれらに書写した日付を律儀に書きこんでおり、この九冊を調べると、一八七九～八一年に作成されたことがわかり、ここまで見てきたのとぴったり重なる。つづいて書写されている箇所を『和漢三才図会』の章立てと照合すると、全一〇五巻のうち四三巻が確認された。さらに現物は残っていないものの、どうやらあと五巻は実際に書写されたらしい。内容としては、天文、異国人物、楽器、畜類、水禽、香木類、山果類、山草類などの巻にあたる。中国や日本の地理に関する箇所はまったく写されていない。

こうした調査結果は、二〇一四年に南方熊楠顕彰館で開かれた「和漢三才図会」展で集積、公開された。現在では総合的な判断として、熊楠は『和漢三才図会』のすべては書写しておらず、巻数でいえば半分弱に留まったと考えられている。写さなかった地理の部分が長いため、分量でいえば三分の一くらいだろうか。これが少年時代の

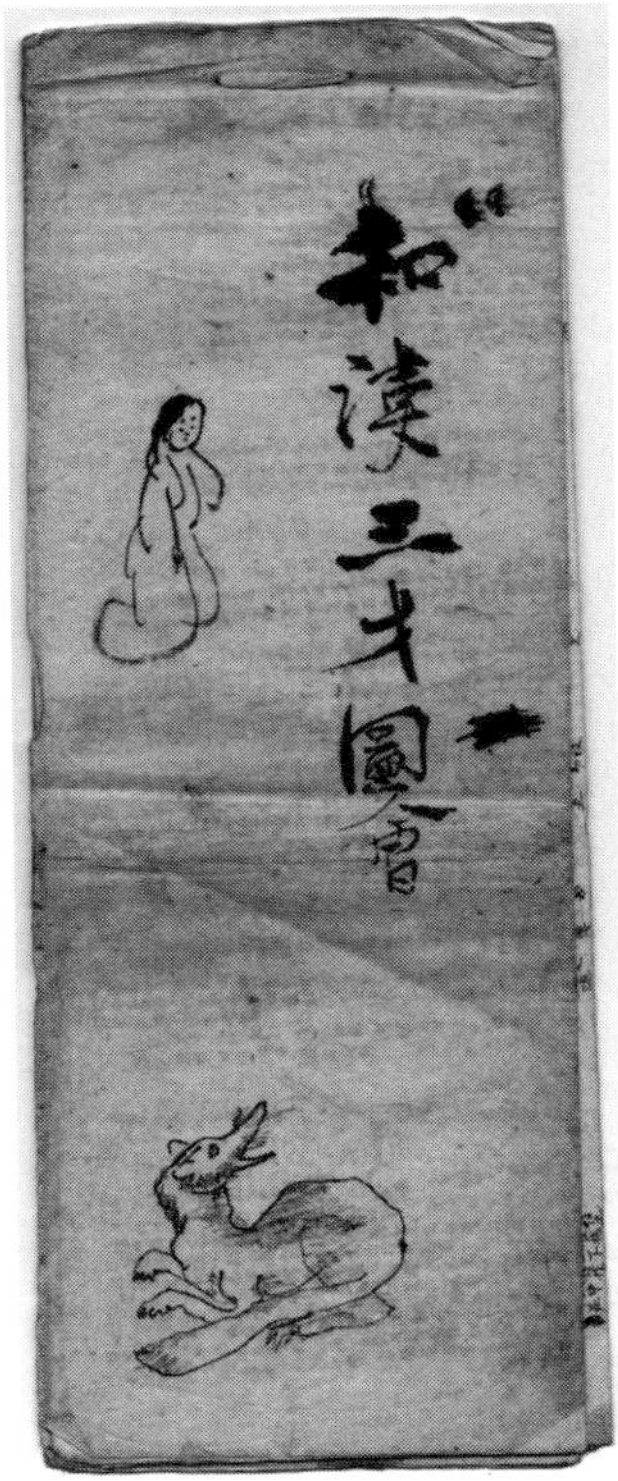

図1-3　少年時代の熊楠による『和漢三才図会』の書写「和漢三才図会抜記」(巻五〜巻七)
(南方熊楠顕彰館、田辺市)

熊楠がおこなった『和漢三才図会』の書写に関する結論である。返却期限が来てしまったからとはいえ、少年時代から熊楠は「未完」だったのである。

近年では資料調査が進み、また熊楠の「自分語り」を鵜呑みにせずに研究することで、「伝説」が次々と否定されつつある。それは残念なことではある。しかし、よく考えてみてほしい。一三〜一五歳くらいの少年が何年もかけて百科事典を写しつづけたのである。その努力と情熱は、ちょっと真似できるものではない。さすが熊楠というべきであろう。

わたしは高校と大学でクイズ研究会に所属していたので、しばしば百科事典を読みこんで「トレーニング」を積んだ。大会で出題するための問題を百科事典からつくることもあった。そもそも百科事典は知識の宝庫であり、パラパラめくっているだけでも楽しい。しかし、あるとき他大学の知り合いが平凡社の『世界大百科事典』だったかを、最初から最後まですべて読み通したと聞いたときは度肝を抜かれた。そんなことが人類に可能だとは！　いったい全巻で何ページあるのか。はたして何日かかったのか。彼には、ほかにすべきことはなかったのか。たしかにそのプレイヤーは、以後のクイズ大会で上位に食いこむようになっていったが……。現代の日本に熊楠がいたら、クイズ研究会に入って、かなりの強豪になっていたのではないかと、ときどき夢想することがある。

伝説とは逆で、書き写して記憶した

このように確認してきてもうひとつ気づかされるのは、一般に広まっている「憶えてきて書き起こした」のではなく、臨書、すなわち実物を見ながら書き写したということだ。

伝説とは順番が逆なのである。すなわち、読んで憶えたものを書きだしたのではなく、書くことによって記憶していった。そして熊楠のすごいところは、どこに何を書いたかを、十数年たっても正確に思い出すことができたところにあり、これはのちに作成した抜書類でも、同様だったとわかっている。書いて憶えろ、というのは一昔前の受験勉強の鉄則だが、まったく同じことを熊楠はしていたのである。そもそも、読んで憶えてしまっていたなら、わざわざ書き起こす必要はない。熊楠の学問の方法は、このときに形づくられたというべきなのだろう。すなわち、「書いて記憶すること」。熊楠は幼少時に身に付けたこの方法を、人生を通して実践していくことになる。娘の文枝による回想である『父　南方熊楠を語る』でも、「父はいつも私どもに、『本を五度読み返すならば代りに二度写筆せよ、そして毎日必ず日記を怠るな』と教えてくれました。父は幼少の頃からすべて写筆と日記をつけることにより記憶力を養ったようです」と語られている。

同時に百科事典への愛着と信頼も生まれた。現在、南方熊楠記念館と南方熊楠顕彰館には、イギリスを代表する百科事典である『エンサイクロペディア・ブリタニカ』の第九版、一一版、一四版の三つのバージョンが残り、書棚を何段も占めている。熊楠はアメリカ時代に第九版を買いそろえたものの、キューバへ渡ったときに友人へ預けておいたら、勝手に質に入れられてしまい、のちに改めて買いなおす。さらに帰国してから、一一版、一四版を取り寄せたのだった。よく読み、よく使っていたのだろう。論考にもさかんに引用し、『エンサイクロペディア・ブリタニカ』のこの項目を参照せよ、といった書き方をすることもある。その記述を厚く信頼していたのである。

そういえば、コナン・ドイルの「赤毛連盟」では、赤毛の男への慈善事業として、朝一〇時から午後二時まで『エンサイクロペディア・ブリタニカ』を書き写す作業が課されている。ホームズの依頼人のジェイベズ・ウィルスンは、八週間かかってようやくAの項目が終わりそうなところまで写した、と述べる。もちろんドイルが実際に自分で書き写す実験をしたわけではないだろうから、本当に八週間でそれだけ進むかはわからない。おそらくシャーロッキアンには実際にやってみたひとがいるのではないかと思うが……。

熊楠は在英時代にしばしばホームズの住む（という設定の）ベイカー街を歩いているが、「赤毛連盟」を知っていたかは不明である。

未完を隠した理由

熊楠が書写した理由は、親に『和漢三才図会』を買ってもらえなかったからであった。熊楠の家は商家であり、「役に立たない」書物の購入には厳しかったと考えられる。また、本の値段は現在とくらべものにならないくらい高かった。

しかし、ホームズ物語でもそうだが、百科事典を書き写すという行為はすごいけれども、冷静になって考えてみると、なぜわざわざそんなことをするのか理解できない典型例のような気がする（だからこそホームズも「おかしいぞ」と思って真相に行きつくのだ）。そういう実利に結びつかないような偉業、才能だからこそ、熊楠の場合にもひとを惹きつけるのだろう（とは思うものの、家の手伝いをするとかしてお駄賃を貯めて買った方が、書き写すよりよっぽど簡単だったのではないか）。

ところが、熊楠は書き写す行為の楽しさに目覚めてしまったのだ。知識を我がものとする快感。もし書写するのが苦痛だったら、すぐにやめてしまったはずである。『和漢三才図会』には数年も費やしている。ひたすら集中してとりくみつづけなくてはならない。少年時代の熊楠に友達はいなかったのだろうかと心配になるが、まあ、余計なお世話だろう。

ともかく、熊楠が『和漢三才図会』を書き写したのは、それを自分のものにしたかったからであった。本物が入手できないなら、写本をつくればいい。ごく自然な発想だ。そして、熊楠は書き写していくなかで、みずからの才能を自覚していったのであった。すなわち、途方もない記憶力である。書き写すことによって、本の内容がすべて頭に入り、どこに何を記したか、自在に思い出せる。熊楠は以後の人生を、記憶力を存分に活かしながら生きていくことになる。

書写の効能を理解した熊楠は、六〇代後半になるまで「抜書」に専念する。語学にも、記憶力を武器にどんどん挑戦した。キノコは図譜に描くことで、次に同じ種に出会ったとき、すぐにそれとわかった。柳田国男から妖怪について質問されたときには、即座に必要なデータを古今東西の文献から用意してみせた。『和漢三才図会』の書写こそが、熊楠の天才の始まりだったといえよう。

それでは、後年の語りで熊楠が『和漢三才図会』をすべて写せなかったこと、すなわち「未完」を隠した理由はなんだったのだろうか。本人はけっして口にはしていないものの、やはり未完であることが悔しく、恥ずかしかったのではないか。そのせいか、後年のロンドン抜書や田辺抜書では、重要な箇所だけを抜粋するというよりは、全篇を残らず書き写しているケースがめだつ。あまり必要なさそうなところまで、きっちりやっているのである。そこには、『和漢三才図会』のときの後悔と反省があったと思われる。

しかし、そうはいっても何もかも完成させ、やりとげることなど不可能である。このの ちも熊楠の人生には、つねに未完がつきまとっていくことになる。

神童としての自己イメージ

熊楠はみずからの天才ぶりをアピールする機会を逃さないタイプの人間だった。『和漢三才図会』を記憶したエピソードをくりかえし語っているのは、その人生のスタート＝幼少期からの異能を示すのにまたとない材料だったからである。のちに熊楠がイギリスの総合学術誌である「N＆Q」にデビューしたときの論考は、「神童（A Witty Boy）」（一八九九年六月三日号）と題するものであった。

フランコ・サケッティ（一三三五〜一四一〇年ごろ）の『小説集』（六二巻）に、ヴァローレ氏という男が一四歳の子どもに舌を巻いた話がある。その子に何度もやりこめられたヴァローレは、幼いときに機知に富んだ子どもは、大人になれば愚かものになるものだよ、とその場に居合わせたものに語った。するとその子は、「あなたもさしずめ子どものころはたいへんな知恵の持ち主だったようですね」とやり返した。

熊楠はもうひとつヨーロッパの類話をあげたのち、「こうした類の話が、ヨーロッパよりも以前に中国にあったことを記すのは興味深いであろう」として、劉義慶の『世説新語補』（和刻本、一七七九年）から、孔文挙（孔融）に関しても、まったく同じ話が伝わることを紹介している。

英語のタイトルのA Witty Boyは「ウィットに富んだ子ども」の意味だが、のちにみずから日本語訳した際には、「夙慧《しゅっけい》の児、大人を閉口させた話」（「民俗」二年一報、一九一四年）というタイトルにしている。夙慧とは、幼いときから賢い子どもという意味であり、熊楠は本文中で「非常に賢い子」と表現している（「神童」というタイトルは、『南方熊楠英文論考［ノーツ アンド クエリーズ］誌篇』飯倉照平監修、松居竜五・田村義也・志村真幸・中西須美・南條竹則・前島志保共訳、二〇一四年で翻訳した際に、訳者たちで相談して付けたものである）。

熊楠はこのような「神童」に、みずからを重ねていたと考えられる。しかも、それを「N&Q」へのデビューに扱ったのである。熊楠はイギリス時代に、かつては西洋よりも東洋のほうに高度な文明があったという主旨の論考をしばしば書いた。そうした優れた「東洋の文明」には、自分自身もふくまれていたにちがいない。しかも、「神童」は「大人になったら、ただのひと」がセットになるのがふつうだが、自分にかぎってはそうではない、という熊楠の強い自意識が透けて見えるようだ。

「N&Q」には、ほかにも記憶力を扱った論考がいくつかあり、熊楠がいかに関心をはらっていたかが読みとれる。たとえば、「驚異的な記憶力」（一九三〇年五月二四日号）には、このように記されている。

中国の博学なる謝在杭《しゃざいこう》は『五雑組《ござっそ》』（一六〇九年頃、六巻）で次のように書いている。

「昔、福建の林誌というものが雨やどりをしようと染物屋に入った。手持ち無沙汰に店の注文控え帖を眺めていたのだが、やがてそこを出てさきを急いだ。二日後、染物屋が火事に遭い、注文控え帖が焼けてしまったので、商売がまったくできなくなってしまった。また林誌が立ち寄ることがあり、注文控え帖を再現してやろうといい、筆をとると一文字も欠くことなくすべてを書き出したのであった」

こちらについても、林羅山《はやしらざん》を主人公とした同じ話が日本にもあることを示してみせ、しかも挑発的に「西洋にはこのような驚異的な記憶力の例はないだろうか」と結んでいる。欧米の投稿者たちも発憤したのか、熊楠の問いかけに五件の返事があり、他人の焼けた楽譜を復元したフランツ・リストの話を始め、いくつもの類例が報告された。

熊楠以外にも、たとえば柳田国男や牧野富太郎が記憶力を誇ったことが知られる。かつて卓越した記憶力は、偉人や天才につきものの要素であり、「物知り」であることは記憶力がよいこととイコールであった。キリスト教世界でも、聖書やジョン・バニヤンの『天路歴程』(一六七八、一六八四年)をすべて暗記した人物の話がよく出てくる。現在では、パソコンやスマホで調べればすぐに何でもわかり、こうした記憶自慢たちが活躍の場を失いつつある。記憶力が、かならずしも天才や異能のあかしではなくなってしまったのは残念だ。

第二章　退学と留学——独学の始まり

和歌山という「都会」から東京へ

熊楠のことを、熊野の山中で生まれ育った野人だと誤解しているひとがいる。おそらくロンドンから帰国後、那智山中に籠もって生物研究に明け暮れ、幽体離脱体験までしたイメージが強すぎるのだろう。たしかに熊楠の行動や思想には、無人の山中に屹立するような迫力が感じられる。しかし、実際には熊楠は都会人であった。

熊楠が生まれた一八六七年は、ギリギリ江戸時代に入る。当時の和歌山は、日本でも屈指の大都市だった。御三家のひとつに数えられる紀州徳川家の首府なのである。そして熊楠の生家は橋丁《はしちょう》という場所にあり、和歌山城から数キロしか離れていない。文化レベルも高く、だからこそ近所のあちこちに『和漢三才図会』があったのだ。熊楠が通った雄小学校、速成高等小学校、和歌山中学にもそういった家の子どもたちが通い、優れた教師陣がそろっていた。

現在の和歌山市とくらべれば緑は多かっただろうが、それでも動植物の採集に励むのは簡単ではない。そのため本物の動植物よりも本のなかの世界に魅せられたのが、少年時代の熊楠だったといえる。野原で植物を探したり、山でクワガタムシを捕ったり、川で魚を追いかけたりするのではなく、家にじっとこもって『和漢三才図会』を書き写していたのだ。そのあたりは、現代の都会の少年たちとも共通するものがあるだろう。

それでは、少年〜青年時代の熊楠はみずからの将来をどのように思い描いていたのか。自分の天才をどのように使うつもりだったのか。フィールドでの生物学にめざめたのは、いつのことなのか。

和歌山中学を卒業した熊楠は、一八八三年三月一八日、東京に向かって出発する。一六歳であった。五月に神田の共立《きょうりゅう》学校に入学し、やがて進学する大学予備門（現在の東京大学）も近くにあったので、熊楠の東京での生活はほとんど神田周辺に集中した。ちなみに共立学校の寮にしばらくいたのち、近所で下宿を始めている。

共立学校は一八七一年に佐野鼎《かなえ》が設立した学校で、一八七八年に予備門教授の高橋是清《これきよ》が校長に就任すると、大学予備門を受験するための予備校として機能することになる。高橋が校長を引き受けたのは、あまりに学生たちの英語力が低いので、徹底的に叩きこむためだったと伝わる。熊楠も高橋から英語を習い、めきめきと英語力を付けた。

のちに熊楠が南方植物学研究所の設立資金を集めに東京に出たとき、当時、首相を務めていた高橋を官邸に訪れ、「首相は明治十六年より十七年まで共立学校で予に英語を授けられたる縁あるにより、往時を談じ、一笑ののち寄付金あり」と見事に援助を受けるのに成功している（一九二二年三月三〇日）。共立学校での同級生には正岡子規や秋山真之《さねゆき》がおり、同じく予備門に進学する。共立学校は以後も東大へ多数の若者を送りこむ進学校として知られ、戦後、学制改革によって開成中学・高校となった。

熊楠が予備門の入試に合格したのは、一八八四年九月であった。この年の共立学校からの合格者は七二人を数え、全合格者の二〇パーセント近くにのぼっている。予備門といわれても馴染みのないひとが多いだろうが、東京大学の準備教育を担う機関で、ここで基礎的な力をつけたのち、文学部や法学部といった専門学部に進んだ。とくに英語教育に重点が置かれ、なんと週に一二時間も組まれていた（ドイツ語選択も可能）。当時の東大には外国人教員が多く、授業が外国語で講義されるのも稀でなかったためである。いかに予備門で英語の授業が多かったかは、数学や地理学は四時間だったことからも理解されよう。

各学年は三学期から構成され、熊楠は入学してすぐの二学期間は問題なく過ごした。しかし、三学期目の試験を眼病を理由に欠席し、その次の試験は受けたものの不合格となってしまう。点数を平均すれば優秀な成績だったのだが、代数が二九・四点しかとれず、一科目でも四〇点以下なら落第という規則に引っかかったのであった。熊楠は数学が苦手だったようで、後年の日記を見ても、預金や支払いのメモで簡単な計算をミスしているケースが目に付く。万能型の秀才ではなかったのである。ただ、この年は一一三人の同級生のうち、四七人が落第しており、きわめて厳しい学校だったことは、熊楠に代わって言い訳しておきたい。同級生だった夏目漱石も落第を経験している。さらに専門学部に進んだあとも退学者は多く、正岡子規も試験で落第して大学を去った。

落第が直接の原因だったかは不明だが、一八八六年一月一七日に熊楠は異常な頭痛を感じ、二月八日に実家に助けを求める電報を打つ。三日後に上京してきた父親と相談して和歌山に帰ると、そのまま東京に戻ることはなかった。

大学に進んだ目的は？

それにしても、熊楠はなぜ大学に進もうと思ったのだろうか。明治以前にも、もちろん教育機関はあって、武士なら藩校や幕府の昌平黌《しょうへいこう》、それ以外の階層であれば寺子屋に通えた。ほかにも幕末には大坂の適塾や日田（大分県）の咸宜園《かんぎえん》など、身分を越えた学校ができていた。とはいえ、熊楠がもう一〇年早く生まれていたら、おそらく高等教育を受けることはなかっただろう。熊楠は商人の息子だったので、丁稚奉公に出されるなどして、実家の商売を継ぐ（または独立する）ための訓練を受けたのではないか。しかし、明治になって時代は変わり、しかも南方家は和歌山でも指折りの大商人となっていた。これが熊楠に大学進学という選択肢を与えたのである。ちなみに弟の常楠は、東京専門学校（現在の早稲田大学）に進み、一八八九年に無事に卒業している。

予備門への進学について、熊楠が明確な目的を述べているのは見たことがない。「履歴書」では、予備門時代はわずか数行で片付けられている。

明治一七年に大学予備門に入ったが、授業など気にも留めず、ひたすら上野図書館に通い、思うままに和漢洋の書物を読んでいました。したがって欠席多くて学校の成績よろしからず。一九年に病気になり、和歌山へ帰り、予備門を退校し

と書かれているのみなのである。おそらく熊楠本人にとっても、あまり思い出した

くない時代だったのだろう。また数学で落第したことにはふれず、病気というやむをえない事情のみが語られている。ただ、熊楠の学校嫌いは筋金入りで、和歌山中学時代から「生来、事物を実地に観察することを好み、師匠のいうことなどは、しばしばまちがいがあると知っていたため、いっこうに頓着しませんでした」と述べている。独学こそが熊楠の学問の方法だったのだ。

東京大学の開学については諸説あるものの、公式の大学史としては一八七七年をスタートとしている。この年に東京開成学校と東京医学校が合併し、東京大学が創建されたのである。ちなみに東京開成学校の綜理（校長）の加藤弘之は開成大学校という名称を考えていたが、文部大輔《たいふ》の田中不二麿《ふじまろ》によって東京大学と決められ、同時に東京英語学校を改組し、予備門として付属させることとなった。英語学校を前身とするため、予備門では英語教育が徹底しておこなわれたのである（第四章）。

当初は東京大学の卒業生は無試験で文官や技術官に任用されることになっており、予備門にもそうした将来をめざす若者たちが集まっていた。実際、東大は長く官僚と技術者の養成機関として役割をはたしていく。しかし、熊楠が官僚をめざしていたのかといえば、とうていそうは思えない。むしろ、官僚をめざすような周囲の同級生たちを見て、嫌気がさしたのではないか。かといって大学の教員に憧れていた可能性も薄いだろう。なにしろ、授業をさぼりまくっているのである。技術者なら、凝り性《こしょう》の熊楠は向いていないこともなかったと思うが……。いまのところ、熊楠が大学に行った理由に明確な答えを出すことは難しいが、あえて想像をたくましく推測するなら、実家の商売を継ぐのに乗り気でなく、一種のモラトリアムとして進学したのではないだろうか。

熊楠が和歌山中学を卒業するころ、南方家ではだれが後継者となるかで揉めていたという。長男の藤吉は南方家の家督と財産の半分を受け継ぎ、和歌山にできた第四十三国立銀行の頭取を務めるなどしたものの、あまり商売に向くひとではなかったようで、やがて破産してしまう。これに対して三男の常楠は、東京専門学校を卒業すると和歌山へ帰り、父の始めていた酒造業を手伝い、南方家の家業の中心としていく。結果として大成功し、いまも和歌山の南方本家は常楠の子孫によって繁栄を保っている。しかも、東京専門学校に在籍した関係から、大隈重信に「世界一統」の四字をもらい、南方酒造から世界一統へ社名を改めた。常楠は高等教育を受けたことを、みずからの人生にちゃんと活かしたのであった。世界一統では、「熊楠」という日本酒も醸造しており、現在も南方熊楠賞の授賞式でふるまわれるのが恒例となっている。

熊楠自身はあまり好きでなかったかもしれないが、予備門に在学したことは結果として多くの利益をもたらした。まずは週に一二時間もの英語教育である。これによってアメリカやイギリスでやっていくための素地がつくられた。

それから皮肉なことだが、大学というものが反面教師となった。熊楠は「ドクトルとかプロフェッサー」といったひとたちを毛嫌いしていたが、その始まりが予備門時代の暗い記憶にあったであろうことは容易に想像される。学校でつらい思いをしたひとたちは、一生を学校嫌いになりがちだ。権力や権威にあらがい、みずからの主張をつらぬきとおす姿勢は、予備門を経験したからこその産物だったといえよう。

このころに独学の基礎がつくられたのも重要なポイントだ。教師から学ぶのが嫌なら、自分で勉強するしかない。独学の方法はいくつかあり、ひとつには「履歴書」に記されていたように上野図書館が利用できた。一八七二年に開館した書籍館《しょじゃくかん》が一八八〇年に東京図書館となり、一八八五年に上野公園内に移転していたのである。熊楠の生活圏の神田から歩いてすぐであり、開館からしばらくは無料で使えたのもあって、頻用したのだろう（図2－1）。

フィールドワークへのめざめ

熊楠が予備門時代に身に付けたもうひとつの独学の方法が、フィールドワークであ

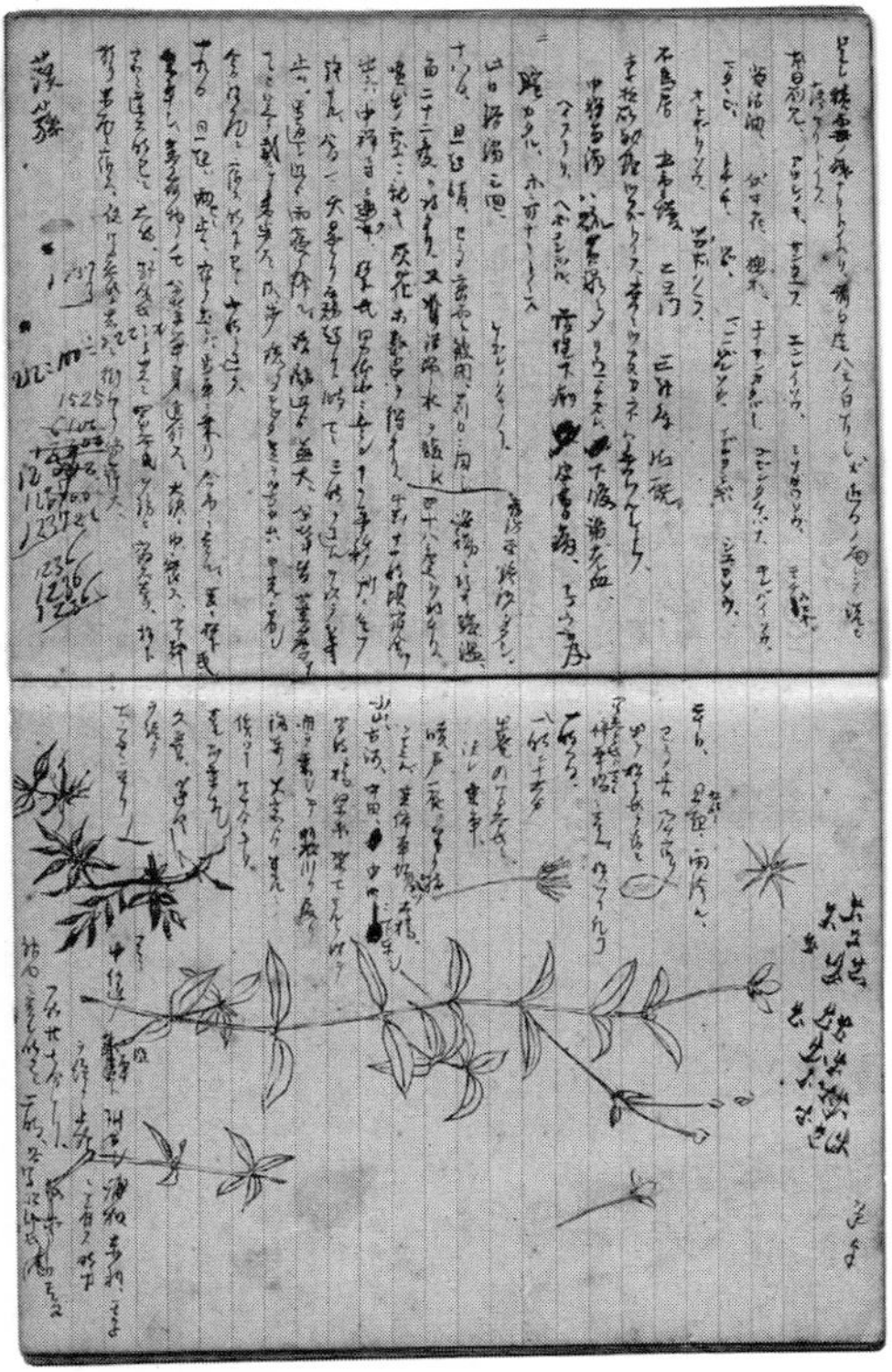

図2-1　東京時代のノート
（南方熊楠顕彰館、田辺市）

った。とはいえ、東京の中心部は和歌山市以上に自然が少ないから、一八八五年四月一六日から一九日にかけて江ノ島へ、七月一二日から二〇日にかけて日光へ遠征している。いずれも予備門の休みの期間に合わせての旅行であった（当時、予備門では四月に十数日の休みがあった）。

江ノ島に向かう途中の鎌倉では魚の歯や貝を採取し、江ノ島でも蟹や貝を集めている。また、自身で採るばかりでなく、購入したものも多かった。すでに土産物として貝殻を旅行客に提供する商売が成立していたのである。江ノ島はモース以来、生物研究の拠点となっており、第五章に登場する植物学者の松村任三《じんぞう》も、一八七八年に佐々木忠次郎や松浦佐用彦《まつらさよひこ》と採集旅行に出かけている。あまり知られていないかもしれないが、熊楠は海の生きものにも関心が強く、のちに貝類の一大コレクションをつくった。やがて田辺という海辺の町に住みついたのも、そうした理由があったのかもしれない（ただし、生魚は食べられなかった）。熊楠の貝研究については、土永知子、高田良二、吉村太郎によって、ここ数年で研究が進められ、想像されていた以上の規模と充実ぶりがわかりつつある。

これに対して日光では植物を中心に集めた。「日光山記行」という旅行記を残しており、道中で「草木また異種多し」と感興を書き記している。標高が高いため、これまで見たことのない植物が多かったのだろう。植物名が連日のように並べられ、たとえば一七日の条には、「ウバニレ、山荷葉《さんかよう》、エンレイソウ、ミソガワソウ、ミツバウツギ、トリモチノキ（ウコギに似たり）、伏牛花《ふくぎゅうか》、タラノキ、エイザンカタバミ、ゴゼンタチバナ、キンバイソウ、マタタビ、トチノキ、ツガサクラ、マイズルソウ、イブキヨモギ、シュロソウ等」とある。このほかキノコに湧いた虫の観察もしている。

熊楠はアメリカの生物学者であるエドワード・モースに私淑していた。モースは東京大学の初期のお雇い外国人として有名だが、一八七九年に退職していたため、一八八四年入学の熊楠は習っていない。それでも生物学に関心のあった熊楠にとってモースは重要な存在で、一八八三年にはモースの講義を石川千代松がまとめた『動物進化論』を購入している。これは南方熊楠顕彰館に現存し、書きこみもあちこちに見られる。柳田国男宛書簡（一九一一年一〇月一七日付）では、「モールス［モース］は御存知通り本邦の学術開進に大功ありし人」と高く評価している。

一八八五年四月の江ノ島旅行も、モースの臨海実験所がかつて江ノ島にあったからではないかとも推測されている。さらに五月一二日には大森貝塚を訪れ、骨片や土器

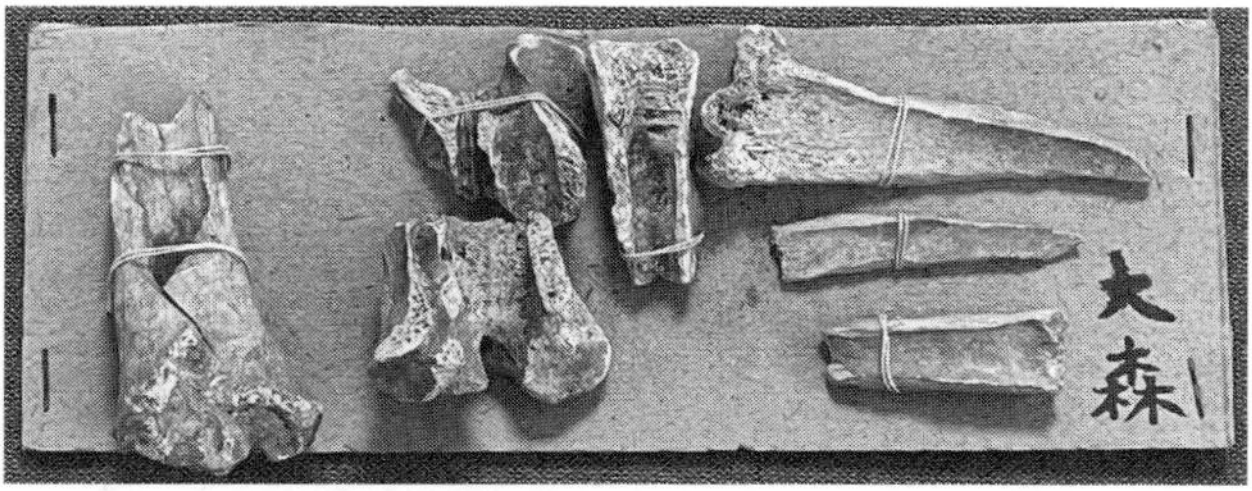

図2-2　熊楠が大森貝塚で採取した骨。鹿と猪と考えられている
（公益財団法人南方熊楠記念館蔵）

図2-3　同、土器片　（公益財団法人南方熊楠記念館蔵）

片（図2－2、2－3）を集めた。

これらについて南方熊楠顕彰館の館長である松居竜五は、「モースの跡をたどるようにして初期のフィールドワークをおこなっている」と指摘する。熊楠のフィールドワークの原型は、モースにあったのである。とすれば、やがて熊楠がアメリカに向かったのも不思議ではないだろう。

熊楠はさきの柳田宛書簡で、「先年モールス（米人）が、大森貝塚で人骨を見出して、日本の先史人が、人肉を食べたといっています。〔……〕じつは小生もその後、大森貝塚をひそかに学校休んでまで見に行き、いろいろの土器、石器、また人骨ごとき骨も拾い、いまも和歌山に置いて残してあります」と述べている。当日の日記を確認すると、「午前十一時新橋発汽車にて大森におもむく。午後大森より汽車に乗り、神奈川に至り、横浜に遊ぶ。〔……〕この日、大森にて貝塚の土器二十片、骨片一個を得たり」と記されている。さほど長く滞在したわけでもなく、また横浜へ遊びに行くのが目的の半分だったようだが、それでもかなりの収穫があった。このとき得た骨片は、和歌山県白浜町の南方熊楠記念館に現存するものの、残念ながら(?)人間の骨ではなかった。二〇二二年一〇月～二三年一月に同館で開催された特別展「熊楠と縄文遺跡」で専門家の調査が入り、鹿と猪の骨だと判明している。

アメリカへ

結局、熊楠は故郷の和歌山から予備門に退学届を送る。一八八六年春のことであった。しばらくしてアメリカへ渡る決意を固め、一二月二二日に横浜港を出港。翌年一月八日にサンフランシスコに到着すると、現地のビジネス・スクールに通って英語力を鍛えつつ、アメリカでの生活に馴染んでいった。

それでは熊楠が何を目的としてアメリカに渡ったのかというと、これまたよくわかっていない。当時は留学すれば兵隊にとられることがなかったので、徴兵逃れを指摘する向きもあるが、予備門への進学時と同様で、日本を離れることこそが目的であり、父親がビジネスに関わる学校なら、と資金を出してくれたからではなかったか。在米中にはスイスの博物学者のゲスナーのようになりたいと述べたり、アリストテレス、プリニウス、ライプニッツ、ゲスナー、リンネ、ダーウィン、ハーバート・スペンサー、新井白石、滝沢馬琴の九人の名を壁に掲げて目標としたりするが、具体的な将来像というより、漠然とした憧憬にすぎないように思える。

サンフランシスコから移ったミシガン州立農学校（現在のミシガン州立大学）は州都のランシングにあった。熊楠は一八八七年八月一六日にキャンパスを訪れ、エドウィン・ウィリッツ校長の面接を受ける。二二日に入試にのぞみ、無事に合格して農学科に入学した。しかし、ここでもなんやかやと理由を付けて、授業に出ようとしない。

「履歴書」には、

二〇年にミシガン州の州立農学校に入りましたが、キリスト教が嫌いで、キリスト教の教義の混じった倫理学などの諸学課の教室へ出席せず、欠席することと多く、ただただ林野を歩んで実物を採り、また観察し、学校の図書館にのみ通いつめて図書を写し抄しました。

と、こんな具合である。「図書を写し抄し（抜き書きする）」とあり、『和漢三才図会』に引きつづき、アメリカでも本を書写していたことがわかる。さらにくわえて、農学校はいい場所にあった。周囲に自然が豊富で、植物採集に最適だったのである。実物をいろいろ採ったり、観察したりしている。キノコやシダ植物を本格的に集め始めたのも、このころだった（図2－4）。東京時代に始めたフィールドワークを、さらに発展させていったのである。

在米時代の熊楠に欠かせないエピソードとして、アメリカ人学生たちとの乱闘騒ぎがある。当時、ミシガン州立農学校には何人もの日本人留学生がいたのだが、

そのうち、日本人の学生がアメリカ人学生と喧嘩することがありました。これ

はヘイズといって、上級生が下級生を苦しめるのが定例となっている悪い風習でした。小生と村田源三〔……〕、三島桂〔……〕の二人と話す日本語がやかましいとして、学校の悪い少年たち四、五人が部屋の戸を釘付けにし、外へ出られないよ

図2-4　アメリカ時代に採取した植物標本。クジャクシダの仲間
（南方熊楠顕彰館、田辺市）

うにしたうえ、ポンプのホースを戸の上の窓より通し、水を室内へ注いだのです。そのとき村田は剛力で戸を破り、三島はピストルを向けて敵を脅かしました。小生はたいした働きもしませんでしたが、このことが大評判となって、校長の裁判によって「アメリカ人」学生が三人ばかり一年間の停学を命じられました。

というものだ。ランシングで現地調査した広島修道大学の吉川史子によれば、事件が起きたのは一八八八年四月二一日のことで、臨時教授会議事録に残る記録からすると、熊楠の言い分はほぼ事実だったようだ。この事件は熊楠たちの勝利に終わったわけだが、当時のアメリカにおける日本人への風当たりの強さも読みとれる。中国人に対する黄禍論があり、やがて日本人の渡米者が急増するのにともない、あちこちで問題が発生していた時期だった。

こののち熊楠は「大日本」という手書き回覧新聞に参加する。ランシングに近いアナーバーのミシガン大学には、福田友作や佐藤（茂木）虎次郎ら愛国有志同盟のメンバーが留学生として在籍し、日本の自由民権運動と密接なつながりをもっていた。こうした日本人留学生たちによって、一八八九年二月一日付で「大日本」が発刊され、そのなかに熊楠の寄稿と推定される「客間一筆」という一文が掲載されたのである。留学生たちが欧米流の考え方に染まり、日本的なものを軽んじているのを鋭く批判した内容で、中国を中心とする東アジアの一員としての日本の価値を主張している。

それから、南方熊楠研究会の会長である武内善信が中心となって扱ってきたテーマだが、八月一九日から熊楠は「珍事評論」という手書きの新聞をつくるようになり、翌年九月四日までに全三号を発行した。こちらは留学生たちの政治運動への弾圧や懐柔がおこなわれているのを批判する内容で、そのほか仏教論なども語られている。

熊楠はアメリカで過ごすうちに、ナショナリズムへとめざめていったのである。愛国心の発露は外国を体験した人間にとって珍しいことではない。ただ、熊楠が日本だけではなく、中国をもふくめた東アジアをみずからのアイデンティティとしている点は特筆すべきだろう。仏教についてとりあげているのも、東アジア一帯に共通する宗教として重要だと考えていたためと思われる。

熊楠の「文明進化論」

二〇二二年に松居竜五、筆者、プラダン・ゴウランガ・チャランの三人で、熊楠のアメリカ時代ノートにある「文明進化論」という未発表の英文論考を「熊楠研究」第一六号に翻刻、訳出した。まだほとんど知られていない内容であり、ここで詳しくとりあげてみよう。

「文明進化論」は、一八八九年六月末〜九月のあいだに執筆されたと推定され、まさに熊楠が愛国心（愛東洋心？）に満ちた文章を書いていたのと重なるタイミングである。英文で七ページにわたっており、もしかしたら「大日本」や「珍事評論」に発表の意思があったのかもしれないが、日の目を見ることはなかった。

基本的には、当時流行していた社会進化論の考え方にのっとった内容である。熊楠はまず文明が退化するという説が古くから存在すると述べ（ほとんどは『エンサイクロペディア・ブリタニカ』からの受け売り）、中国やインドをその例として示す。逆に文明が進化した例を三つあげ、古代ギリシャではアイスキュロスやペリクレスやプラトンら、エリザベス時代のイギリスではシェイクスピアやベーコンやウォルター・ローリーら、ルイ一四世時代のフランスではコルネイユやモリエールやパスカルといった傑出した人材が集中してあらわれたと指摘する。

しかし、この論考で熊楠が主張したかったのは、この三つに比肩しうる時代が日本にもあったということで、「皇紀二三五〇〜二四〇〇年、すなわち元禄、宝永、正徳、享保をふくむ期間［おおよそ一六九〇〜一七四〇年］」の日本に、いかに優れた人物が多数あらわれたかを並べていく。徳川吉宗、水戸光圀、大石内蔵助、新井白石、鳥居清信、近松門左衛門ら七〇人以上が列挙され、分野も政治、儒学、軍学、俳句、浮世絵、和算、文芸、演芸と多様である。『和漢三才図会』の寺島良安もちゃんとあげられている。おそらく記憶を頼りに書かれたと思われ、人名のミスも散見されるが、外国にあってこれだけ例示できたのは、やはり優れた記憶力によるものだろう。

「文明進化論」は、アメリカで暮らす熊楠が次第に欧米への対抗意識を高めていったことを伝えてくれる資料だ。ただ、それが欧米をけなしたり攻撃したりする方向に向かっていない点には注目しておきたい。しばしば国粋主義的な意識は、他国への目を曇らせてしまうが、熊楠にはそうした狭量さはなかった。

さらに日本の「黄金時代」が江戸期にあったという考えは、熊楠の人生を通して強く意識されつづけていく。いっぽうで、明治以降の日本は退化しているように見えていた。「文明進化論」の結びは、「元禄・享保期と明治期のあいだの断絶がいかに大きいかがわかるであろう」とし、自分が詳しい科学分野の場合、「明治政府は数十万の資金を［科学］振興に投じているが」、その成果は乏しく、「輝きを発しているのは、次の三つのみである」として、箕作《みつくり》佳吉《かきち》、飯島魁《いさお》、伊藤篤太郎《とくたろう》が欧文で発表した生物学の論文を示す。

日本人が科学の国際舞台において、ほとんど活躍できていないのを歯がゆく感じていたのである。そして、その原因を明治政府の政策の拙さに求めている。このように江戸期を尊び、明治以降を「退化」したと捉える見方は、熊楠の人生を特徴づけていく。

熊楠というと反骨のひととか、権力に対抗した存在といったイメージがある。しかし、和歌山の旧藩主であった紀州徳川家のひとたちには崇敬の念を抱きつづけ、昭和天皇とも特別な関係にあった。すなわち旧社会に属する権力や家柄には重きを置き、明治以降の新興勢力には反発していたといえよう。江戸末に生まれ、明治に育った人間としては、一般的な在り方だったと思われるが、熊楠がなんにでも反発していたのではなく、愛国心に満ちた人間であった点を見誤ってはならない。のちに真言僧の土《ど》宜《ぎ》法龍《ほうりゅう》に対しても、

> 日本という国土やいまの政府、人気《じんき》、風俗などはあまり気に染まないのですが、

なんとか父母の国土人種をどこまでも興隆したく、そのためにいまこのように苦学しているのです。いまやっている学問は、みないつか日本国土人種のためにしているのです。

と述べている（一八九三年一二月と推定される書簡）。

熊楠は階層的には武士の家系ではなかった。むしろ、江戸期には下層に置かれていた商人の息子であり、徳川の世がつづいていたなら、けっして表に出て活躍することはできなかっただろう。熊楠の父の弥兵衛も、幕末に従来のシステムが壊れるなかでのしあがり、明治維新以降に財産を大きくした。そのため、熊楠の旧社会への憧れは、どこかねじれたものがあったように思える。

おそらく熊楠の感覚としては、明治以降に日本という国家がまちがった方向に進んでいると思っていたのではないか。国の仕組みとしても、社会の在り方としても、違和感がぬぐえなかったのだろう。熊楠は変化を嫌うタイプの人間だった。それが民俗学という学問に関心を抱かせ、神社合祀反対運動にとりくませていく（第五章）。わたしは熊楠が「変わらない世界」「何も失われない世界」こそを理想にしていたのではないかと考えている。

そうした点からすると、国家を発展させ、積極的に変化をとりいれようとする明治政府の役人になろうとしなかったのは、よく理解できる。明治政府の推し進めた海外進出にのってビジネスマンとして成功するのにも、心理的抵抗があっただろう。しかし、日本という国、東洋という地域には愛がある。とくにアメリカに渡って、差別的な扱いを受けるなかで、そうした意識が高まっていく。そしてひとつの着地点としてあらわれたのが、次章以降で見ていくような、前近代を対象とした学問の道だったのである。

留学生たちの明治

熊楠が国の派遣した留学生ではなく、私費で渡米したのも、無理からぬことであった。この時代に政府が想定した「学者」は、国家の役に立つべきものだったのである。官費留学生は一八七五年にスタートし、やがて一八八二年に官費海外留学生規則が定められた際に、「東京大学卒業生中、学業優秀、品行善良、志操端正、身体強健にして将来大成の望ある者を選抜し、この規則に遵依《じゅんい》し、海外に留学せしむるもの、之《これ》を官費海外留学生とす」とされた。熊楠がこの規則にあてはまるとは、とうてい思えない。

ちなみに当初は年間一〇〇〇ドルを支給し、期間は五年以内となっていた。この制度は一八七五年から一九四〇年まで六五年間つづき、三〇〇〇人あまりが送り出され、日本の学問や科学を支配していくことになる。

熊楠はやがて学者をめざすようになるが、それが明治政府がイメージしていたような学者であったかは疑わしい。国のために役立つような技術者や教育者に熊楠がなろうとしていたとは考えにくいのである。

しかし、いささかねじれてはいたものの、熊楠は強い愛国心をもち、アメリカでその思いを強め、国（東洋）のために尽力しようとの決意を固める。そのための方法が、東洋科学の優れた事例を指摘する英文論考の執筆（第七章）であり、菌類研究において英米人の業績を超えようとする試み（第九章）であった。

熊楠は明確な目的をもって進学、留学したのではなかった。しかし、青年期を東京、アメリカと過ごすなかで、熊楠は進むべき方向性を見定め、みずからの天才をどのように使うかを決めていったのである。

第三章　ロンドンでの「転身」——大博物学者への道

牧野富太郎による熊楠への追悼文

熊楠が一九四一年一二月二九日に亡くなったとき、牧野富太郎（図3－1）が、翌年二月号の「文藝春秋」に「南方熊楠翁の事ども」と題する追悼文を寄せた。この文中には意外なくらいに厳しい言葉が並び、「南方君は往々新聞などでは世界の植物学界に巨大な足跡を印した大植物学者だと書かれ、また世人の多くもそう信じているようだが、実は同君は大なる文学者でこそあったが、決して大なる植物学者ではなかった」と切って捨てている。文学者としては評価できるのかもしれないが、植物学者としては認められないというのである。

牧野は熊楠より五歳年上だが、明治から昭和にかけておおよそ同時代に活動した植物学者であった。しかも、どちらもほぼ独学で植物学を修め、大学の教授たちに冷遇されたエピソードで知られる。それならば、牧野はもっと熊楠に共感を示してもおかしくなかったのではないか。ところが、牧野は熊楠を同じ植物学仲間とは思っていなかったのである。

右の一文だけを読むと、牧野があまりにも狭量な人間であったように見え、熊楠関係者のあいだで、牧野の評判はすこぶる悪い。個人的には、二人とも性格に難があったのではないかと思うが、単純に二人の相性や人間性に帰してしまっては意味がない。熊楠は少年時代からずっと植物を中心とした生物への関心が強かった。それを牧野が

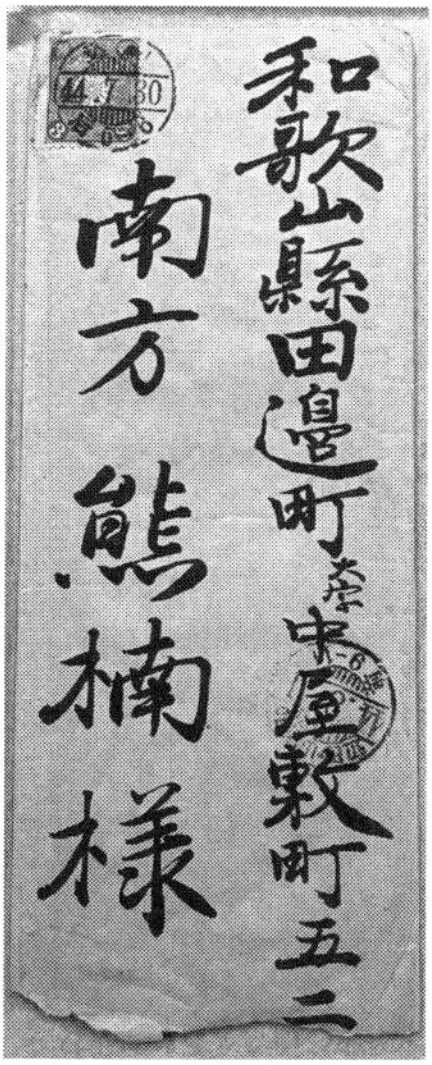

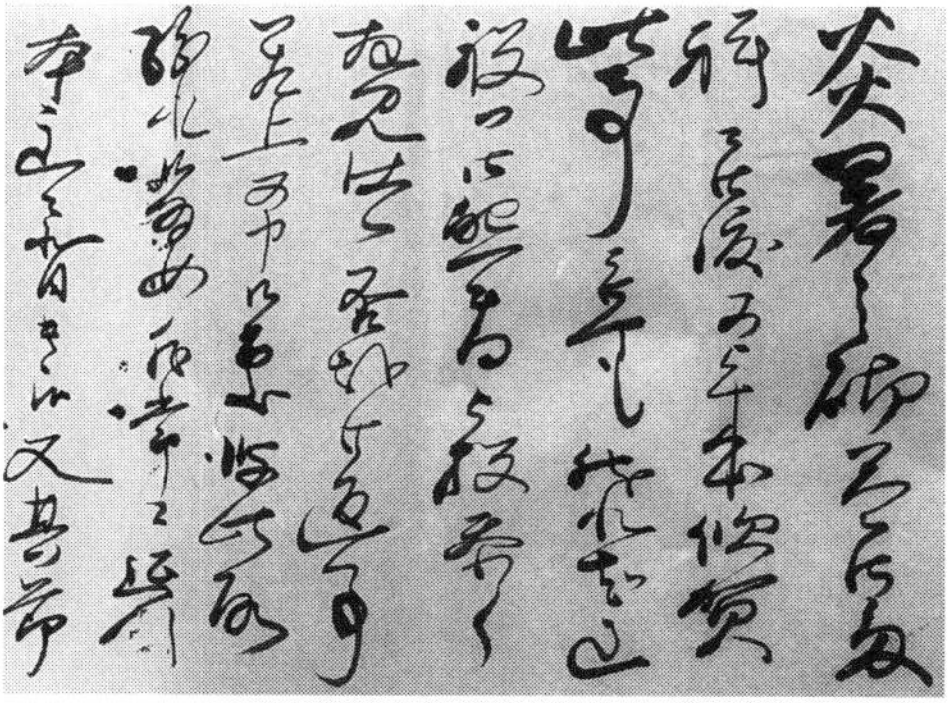

図3-1　牧野富太郎からの来簡。熊楠から植物標本を送ってもらったお礼と、鑑定結果が伝えられている
（南方熊楠顕彰館、田辺市）

「植物学者ではなかった」「大なる文学者でこそあった」と述べているのはいったいどういうことなのか。じつは熊楠は、ロンドン時代に大きな「転向」をしているのである。

熊楠、ロンドンへ

一八九二年九月一四日、熊楠はニューヨークからシティ・オブ・ニューヨーク号に乗りこんだ。日記によれば運賃は「五円五十銭」であった。船中では船酔いに苦しめられる乗客もいたが、熊楠はなんともなかったという。大西洋を横断して、イギリスのリヴァプールに到着したのは九月二一日。一週間の船旅である。アメリカからは植物標本など「大箱二つ」分もの荷物を持ってきており、税関で受け取る手続きをし、また鉄道便でロンドンに発送するなどしているうちに日は過ぎた。熊楠本人がロンドンに入ったのは、ようやく二六日の午後九時で、ユーストン駅のすぐ目の前の宿をとっている。

以後、一九〇〇年九月一日に日本へ向けて出港するまで、熊楠は約八年間をロンドンで過ごす。特筆すべきことに、この間、たった一回をのぞいてはロンドンの外に出ることがなかった。しかもそれも、アーサー・モリスンという小説家に食事に招かれ、エセックスのラウトンという町に出かけたのだが、ラウトン駅から二駅戻れば、そこはもうロンドン市内なのである。アメリカ時代にサンフランシスコ、ミシガン、フロリダ、キューバ、ニューヨークとあちこち移動したのに比べると、驚くべき「出不精」ぶりといえよう。ちなみにモリスンは、ホームズのライバルたる『マーチン・ヒューイットの事件簿』で知られ、日本美術を収集していたことから熊楠と縁ができ、「ネイチャー」に投稿する論考の英文添削もしてくれていた。

ロンドン生活を始めた当初の熊楠は、アメリカ時代に引きつづいて植物研究に励んだ。植物関連の記述を日記から順番にピックアップしていくと、まず一八九二年一一月二四日に、アメリカで親交のあった植物学者のウィリアム・W・カルキンスから、熊楠がフロリダのキーウェストで採取した二種の地衣類が新種だったと知らされている。新種の発見は生物分類学に携わる人間には勲章のようなものであり、熊楠の喜びようが目に浮かぶ。のちのちも熊楠は新種の発見にこだわっていくことになる。つづいて植物書の購入と、ニューヨークのアレン博士へ標本を贈った記事が見える。

翌一八九三年に入ってもアレンやカルキンスや東京植物学会と熱心にやりとりをしており、二月六日には手元の植物学書を整理して、藻類一一冊、シダ植物二冊などと数を確認している。このように資料数を数えあげ、リスト化するのは、熊楠のおきまりの作業であった。のちに民俗学の論考を執筆した際も、英語文献一〇点、フランス語五点、漢籍三点、邦文二点といった具合に、使用した資料を詳しく書き記している。熊楠の自尊心が透けて見える行動だ。

そして四月四日にイギリスで初めて植物採集をする。「夕ハムステットヒースに行く。スフェリヤ一種を得るのみ。またフリゴあり」とある。スフェリヤは子嚢菌《しのうきん》の仲間のキノコ、フリゴはススホコリ属の変形菌だ。さらに四月六日にも、「午後ハンプテットヒースに行く。菌四種、藻二種を獲た」と連続してハムステッド・ヒースで採集している。ハムステッド・ヒースはロンドン北部にある広大な緑地で、市民の憩いの場所として知られた。そんなところで熊楠は採集にいそしんでいたわけだ。フィールドワークに出かけるまで渡英から半年以上もかかったのは、おそらく季節的な問題であり、春になって藻類や菌類が生え、屋外での活動にもほどよい気候になったのだろう。

翌一八九四年は在英中でもっとも植物学に力を注いだ年であった。熱心に採集にとりくみ、二月一五日には「朝ケンシングトン園を散歩すること、およそ一時間。*Dacrymyces stillatus* Nees. および *Fusarium lateritium* Nees. を得た」と採集の記事がある。*Dacrymyces stillatus* はヒメアカキクラゲ、*Fusarium lateritium* は植物に寄生するカビの一種。以後、六月一七日の「ハイドパークにて *Psathyrella hiascens* Fr. を得た」まで計一二回の記録が見られる。*Psathyrella hiascens* はナヨタケの仲間だ。しかし、これ以降は採集に行っていない。このあとの夏から秋にかけてこそが、キノコや藻類が多く発生する季節だと思われるのだが……。

ケンジントン・ガーデンズとハイド・パークは、ロンドンの中心部に位置する公園だ（図3－2）。在英時代、熊楠が採集のために遠出することはついぞなかった。しかも、人工的な公園や緑地でしか活動していない。地方なりに出かければ、もっと収穫が期待できたであろうが、そうした形跡はまったくないのである。

熊楠が植物採集をやめた理由

一八九五年になるとガラリとようすが変わる。植物学関連の記述はわずか四件しか見つからない。採集はたった一回。八月四日の「ケンシングトン園、ハイドパークに遊ぶ。菌二種を得た」のみで、種も特定されていない。ロンドン時代の植物採集の記録はこれが最後となる。なおかつ、前回の採集から一年二ヵ月ほどあいている点も指

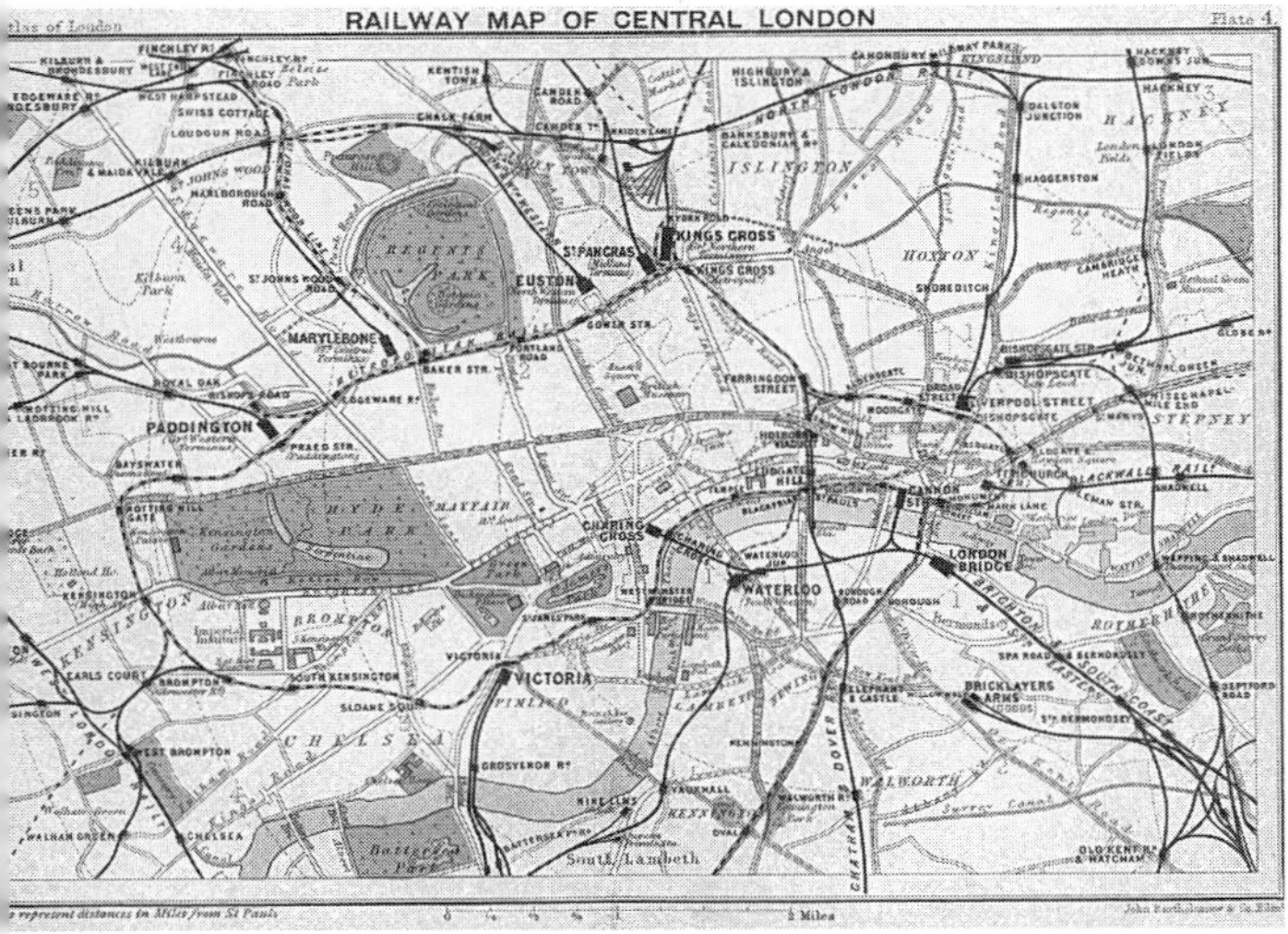

図3-2　熊楠がロンドンにいた当時の地図。
あちこちに広大な公園があることがわかる　（南方熊楠顕彰館、田辺市）

摘しておくべきだろう。「遊ぶ」という表現からすると、採集目的で訪れたわけではなく、偶然見つけたので採ったというふうでもある。

　そして一八九六年以降は、まるで植物学への関心を失ってしまったかのようになる。一八九六〜九七年にはいっさい記述がなく、一八九八年も三月一四日に「植物標品大しらべのこと」とあるのみだ。しかも、これは「やるべきこと」としてメモされており、実際に「大しらべ」したかはわからない。一八九九年、一九〇〇年も一件ずつしか植物関係の記録がない。植物学を志していたはずなのに、いったいどうしてしまったのか。

熊楠がハイド・パークをはじめとしたロンドン中心部の公園でばかり採集していたのは、本当に不思議である。なぜもっと自然豊かな場所へ出かけなかったのか。そもそもハイド・パークにキノコは生えるのか？　ずっと疑問に思っていたので、ある年の夏にロンドンを訪れた際、熊楠をまねてハイド・パークでフィールドワークをしてみた。すると、たちまちテングタケの仲間と思われる白いキノコを見つけることができた。たしかに植物採集は可能なのである！　おそらく熊楠は地面を這うようにしてキノコを探し、水たまりをのぞきこんで藻をすくっていたのだろう。現在ならば、「怪しい東洋人が変なことをしている！」と通報されかねないが、一九世紀後半のイギリスは博物学の円熟期である。ほかにも園内で植物採集に勤しむ紳士淑女がいたと思われ、熊楠がとがめられたようすはない。しかし、熊楠とは時代が違うので、わたしは怪しまれないうちにささっと切り上げた。

いっぽうで熊楠が植物採集から離れた理由も、しばらくロンドンで調査をつづけるうちに見えてきた。いくら広大な公園があり、緑が多いように見えても、イギリスの植物相は貧弱だ。氷期に表土が削られたため、たとえば被子植物は約三〇〇種しかなく、日本の約四〇〇〇種とは大きな差がある。シダ植物も約一〇〇種と約七〇〇種である。熊楠は一八九四年五月に、イギリスでの菌類の採集総数を記録しているが、わずか二二種にすぎず、ミシガンで一二九種、フロリダで三八八種も採れたのとは比較にならない。

また植物学者たちと交流し、キュー・ガーデンの膨大なコレクションを見るなかで、とうてい太刀打ちできないと感じはじめたのだろう。くわえてイギリスにはアマチュア博物学者たちが無数にいたわけで、もはや未調査の土地などなく、新種の発見も期待できなかった。

ただ、このような見切りの早さは熊楠の才能のひとつだったとわたしは考えている。

「ネイチャー」へのデビュー

では、植物学からもフィールドからも離れた熊楠が何をしていたのかというと、まったく別の「森」を見出していたのであった。

熊楠は五一篇という多数の英文論考を「ネイチャー」（図3－3）に発表したことで知られる。現在も世界最高峰の科学専門誌として有名な雑誌である。そのデビュー作

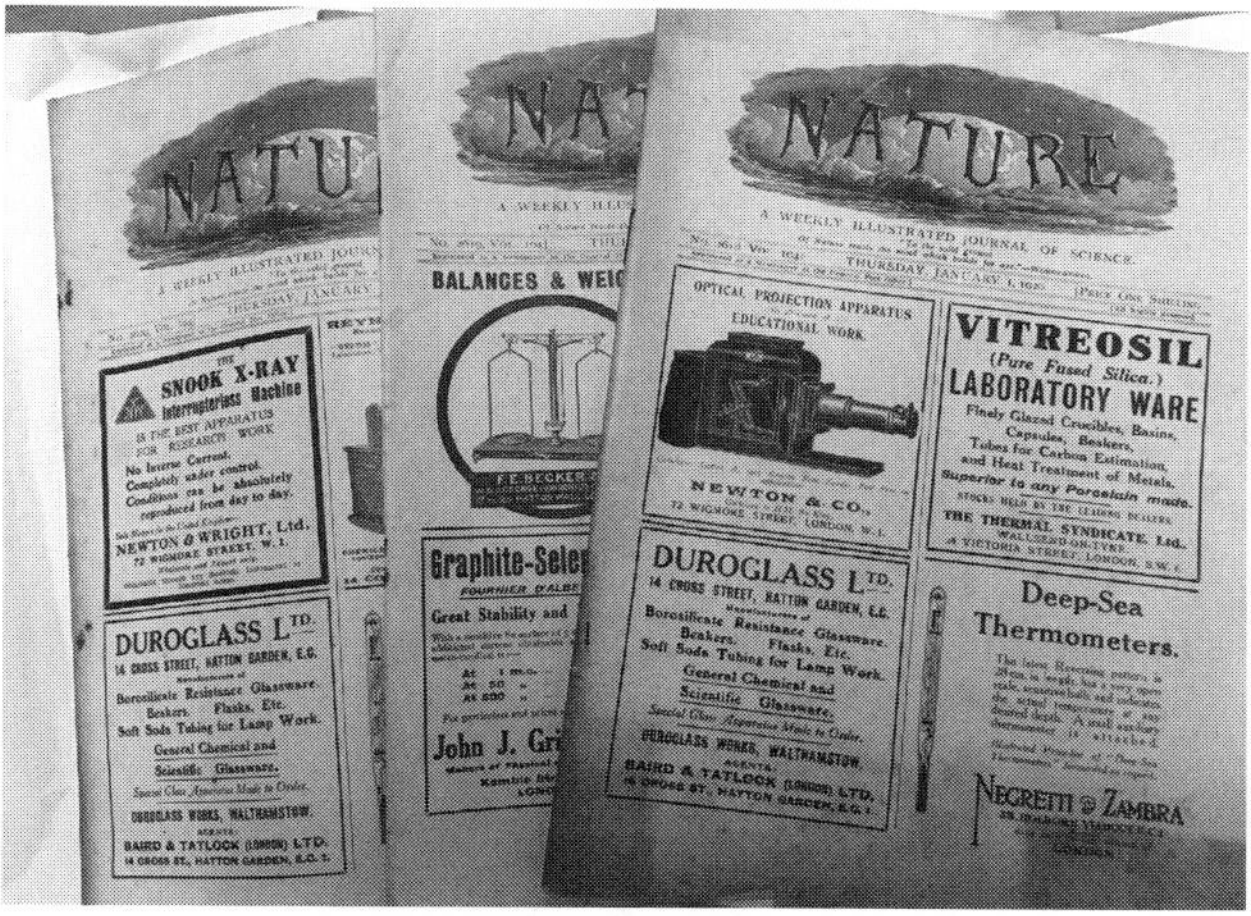

図3-3 「ネイチャー」（南方熊楠顕彰館、田辺市）

が、一八九三年一〇月五日号に掲載された「東洋の星座」であった。古代中国とインドの星座について紹介した内容で、古代ギリシャ以来のヨーロッパの星座とはまったく異なる星座体系が東洋にあることを示し、西洋のひとびとに衝撃を与えた。「東洋の星座」は「ペル・メル・ガゼット」という新聞に紹介され、熊楠の名は広く知られることになる。

以後、熊楠は「ネイチャー」誌上で、東洋に関する情報提供者として活動していく。「東洋の星座」につづく二本目の掲載論考は「動物の保護色に関する中国人の先駆的観察」（一八九三年一〇月一三日号)、三本目は「蜂に関する東洋の俗信」(一八九四年五月一〇日号)、六本目は「北方に関する中国人の俗信について」(一八九四年一一月八日号)、七本目は「洞窟に関する中国人の俗信」(一八九四年一一月一五日号)、一〇本目は「琥珀の起源についての中国人の見解」(一八九五年一月二四日号)と、最初の一〇篇のうち六篇のタイトルに東洋関連の言葉が入っている。戦略的な意図があったのは明白であろう。

現在の「ネイチャー」が完全に自然科学に特化した雑誌であるため、熊楠の五一篇も変形菌やキノコに関する論考と思われがちだ。ところが、生物分類学の論考もなくはないものの、実際には右に見たような古代東洋を主題とする科学史の論考が大部分を占める。「ネイチャー」が評価した熊楠の独自性は、漢籍や江戸以前の古典を利用した比較文化の研究にあった。『和漢三才図会』など、東アジアの百科事典的な知識を貯めこんできた成果がここに花開いたといえる。

「ネイチャー」以外でも、熊楠の仕事の総体を公刊された業績という点から点検すると、変形菌など生物学の論考はごく一部にとどまり、多くは比較民俗学や説話学についての文章となる。フィールドの熊楠と、机上の熊楠とのあいだには、不思議な齟齬《そご》があるのだ。かつては自然科学と人文科学にまたがる熊楠の幅広い活動は「博物学」

図3-4　大英博物館の絵葉書（南方熊楠顕彰館、田辺市）

の一言で片付けられたが、その生涯をたどってみると、イギリス時代に大きな転換があったことがわかる。アメリカ時代までの熊楠はフィールドで熱心に活動して生物学者たらんとしていたが、二〇代半ばから暮らしたイギリスでガラリと方向性を変え、人文科学の論文を量産するようになる。その始まりが科学誌の「ネイチャー」だったというのは、意外かもしれない。

大英博物館に迎えられる

「東洋の星座」の掲載を待っていたタイミングで、熊楠は大英博物館（図3－4）にも出入りを始める。これが熊楠を転向させたもうひとつのきっかけであった。熊楠は一八九三年九月二二日、同館の英国中世遺物および民族誌部長を務めるA・W・フランクスに招かれた。フランクスは当時六七歳。何度か館長候補にあげられたこともある、大英博物館の大物であった。

熊楠は、博物館の敷地内にあった官舎（現存しない）のフランクスの私室で、昼食をご馳走になる。熊楠の回想によれば、メイン料理はガチョウの丸煮で、フランクスがみずから切り分けてくれたという。感動した熊楠は三〇年以上たったあと、「履歴書」で、

英国学士会員の老大家にして、諸大学の大博士号をいやが上に持ちたるこの七十近き老人が、〔……〕当時二十六歳の小生を、かくまで好遇してくれたのはまったく異例のことでして、今日初めて学問の尊きを知る、と小生は思ったものです

と述べている。

フランクスの部下のC・H・リードが同席しており、昼食後に館蔵の「仏像、神具等について質問あり。リード氏がいちいちラベルに筆記した」（同日の日記）と、日本

からの収蔵品に関する知識を求められることになった。おそらく、熊楠はこの「テスト」に合格したのだろう。以後、リードを窓口に大英博物館の仕事が舞いこむことになる。一九世紀はイギリスが東アジアへ進出した時期であり、大英博物館では中国や日本の収蔵品が急増していた。英国中世遺物および民族誌部は、東アジアをふくむ新領域担当として設けられたのだが、フランクスもリードも東アジアは専門ではなく、ほとんど手を着けられないでいた。熊楠とロンドンで親しくなった土宜法龍も、大英博物館を見学したのち、「仏像などには随分頓馬《とんま》の名称多し。金剛界の大日如来を勢至《せいし》菩薩《ぼさつ》とし」などと述べている。このように調査も整理も滞っていたところに熊楠があらわれ、活躍することになったのである。

本の森へ

そして熊楠をフィールドから離れさせるのに決定的だったのが、一八九五年四月に大英博物館のリーディング・ルーム（閲覧室）（図3－5）への入室許可証を得たことだった。大英博物館は創立当初から博物館と図書館の機能を合わせもち、納本制度が整えられていたこともあって、一九世紀末には一五〇万冊もの図書を収蔵していた。閉

図3-5　リーディング・ルームは特徴的なドーム型をしていた（「イラストレイテド・ロンドン・ニューズ」1857年5月9日号）

架式の書庫に付属して、円形ドーム式のリーディング・ルームが設けられており、一般利用者の資料閲覧に使われた。のちに独立して大英図書館となる施設だが、ここに入室できるようになったことで、熊楠の利用できる資料は飛躍的に広がった。

それ以降の熊楠はひたすら本を筆写する日々を送ることになる。ことのほか楽しい時間だったらしく、晩年になっても、もう一度リーディング・ルームに戻りたいと娘の文枝に漏らしていたという。一冊ずつ好きな本を選んで書き写していく作業は、植物を採取して標本をつくり、記載していくのに似ていたのかもしれない。

このときつくられたロンドン抜書と呼ばれる全五二冊のノートには、旅行記、民俗学、性科学、比較宗教学などからの書写が並び、これをもとに熊楠は西洋と東洋の比較研究を進め、英文でも邦文でも大量の論考を執筆していく。リーディング・ルームでの日々が、生涯を通しての大きな財産となったのであった。実際にロンドン抜書を見ると、ノートの空白を埋め尽くすようにびっしり文字が詰めこまれ、熊楠の執念が伝わってくる。熊楠がもっとも文字を書いた人間ではないかといわれるのも納得だ。

しかし、こんなことをしていたのが熊楠だけかといえば、そうでもなかった。カール・マルクスは一八五〇年から三〇年以上もリーディング・ルームに通ってノートをとり、それが『資本論』の材料となった。孫文も一八九六〜九七年の約九ヵ月間の在英中に七〇回近く通い、政治や外交から農業、鉱業にいたるまで多分野の書物を漁ってノートをつくった。熊楠ともこのときに知り合い、「書写仲間」として厚い友情を築くことになる。

こうした有名人以外にも、リーディング・ルームには常連たちがたくさんいた。一八八四年に出た『大英博物館――リーディング・ルームと書庫』というガイドブックによれば、リーディング・ルーム内には全四一七席があり、女性専用席も設けられていた（男性用よりやや広いスペースがとられていた）。常連たちはいつも決まった席を使っており、受付で読みたい本を申しこむと、係員が閉架書庫から席まで届けてくれた。ロンドンには独学者たちがあふれていたのだ。それぞれは孤独な作業でも、周囲にはたくさんの仲間がおり、熊楠もさぞ居心地のよかったことだろう。

リーディング・ルームの利用者たちはたんに読書に来ていたわけではなく、研究や調べものに使っていた。たとえばセオ・ギフトという女性作家による怪奇小説である「メルローズ・スクエア二番地」（一八七九年）の語り手は、ある書物の翻訳を引き受けたため、ロンドンに出てきて下宿し、「少なくとも半年ほどのあいだ、大英博物館にいつでもすぐ行ける地区に居住する必要が生じた」という設定になっている。オースティン・フリーマンによる『オシリスの眼』（一九一一年）という探偵小説にも、リーディング・ルームに通ってエジプト学の調査をする女性考古学者が登場する。

三つの方向転換

一八九三年から九五年にかけて、熊楠は「ネイチャー」への投稿と、大英博物館での仕事を通して、三つの点で方向転換していったと考えられる。それは、まず扱う分野の問題であり、植物学から科学史や東洋学関係への転換であった。それから、東洋に関する情報を提供するという立場を得たこと。さらに、生物／フィールドではなく、書籍を利用した学問へ進んでいった点もあげられる。こうした傾向はのちの熊楠の人生を通しての特徴となっていく。これらは熊楠の自主的な転換であったいっぽうで、状況に要請されての転換だったのも事実である。大英博物館では、フランクスとリードから次々と仕事がふってくることで、仏教や神道、中国や日本の文物について詳しくならざるを得なかった。しかし、このように転向したことで、よるべなきロンドンにおいて熊楠は、東洋の知識の提供者としてかけがえのない存在になれたのである。

日本人が、ほとんど調べつくされているイギリスの植物学に参入するのは困難であった。熊楠はロンドンにおいて東洋人としての自己を再発見することで、活躍することができたのだ。

実際、イギリスでの経験が熊楠を巨大な学者へと成長させていくことになる。おそらく、植物学にのみ専心しつづけていたら、それなりには成功したかもしれないが、現在の我々が知っているような巨大な博物学者・熊楠は生まれなかっただろう。挫折の体験があり、しかしそこで絶望してしまわないで、自分の輝ける場所を見出し、活動していった点が、熊楠の才能だったといえる。

第四章　語学の天才と、その学習方法

熊楠は何ヵ国語できたのか

熊楠にまつわる「伝説」のひとつに、無数の言語を操れたというものがある。実際、一般向けの講演をしていると、「熊楠って何十ヵ国語もできたんでしょ?」という質問がよく出る。そして合わせて、「熊楠はどうやって外国語を勉強したんですか?」と訊かれるのがお決まりだ。我々熊楠研究者にとってもこれは気になる問題であり、いったい何ヵ国語できたのかが、ずっと調べられてきた。本当のところ、熊楠はいくつの言葉に堪能で、どこでどのように勉強したのだろうか。

漢文

熊楠が最初に身に付けた「外国語」は漢文だった。江戸期には漢文教育が広くおこなわれ、明治になっても基礎的な教養として重要な位置を占めつづけたことが知られている。熊楠も同時代の子どもたちと同様に、少年時代に通った近所の漢学塾で漢文を習った。「幼時」に「武田万歳という漢学の先生のところへ、毎日読書に行っていました」と吉備慶三郎宛書簡（一九二四年六月二八日付）で語っており、さらに修敬舎という心学塾でも素読《そどく》の授業を受けている。素読とは、漢文を日本語風に音読する学習法で、暗唱に重きを置いた。熊楠も「一〇歳のころ、『文選《もんぜん》』を暗唱して神童と称せられました」という。さらに一二歳ごろには遠藤徳太郎という先生にも素読を習っている。「実際小生は真実、師と仰いでいまも感銘するのは、幼時の寺子屋や小学の教師、また素読を教わった漢学の先生にとどまり」（一九三六年四月一日付、宮武省三宛書簡）と回顧しており、武田の未亡人とは田辺定住後も文通した。漢学こそが熊楠の語学学習の基礎をなし、その方法は暗唱、すなわち記憶だったのである。

第一章で扱った『和漢三才図会』も、日本で執筆、発行されたとはいえ、本文は漢文で書かれている。それを読みこみ、書き写すなかで、熊楠が漢文力を高めていったのは容易に想像される（図4－1）。

のちの熊楠の英文論考、邦文論考を見ても、漢籍（中国書）からの引用がおびただしい。しかも、英文論考の場合には漢文を英語に直さなくてはならない。ここ何年か、わたしは英文論考の草稿を分析しているのだが、熊楠はどうやら漢文から直接英文に訳していたようだ。いったん日本語に訳して、といったステップは踏んでいない。卓越した漢文の読解力（そして英語力）がなければ、とてもできない仕事である。邦文論

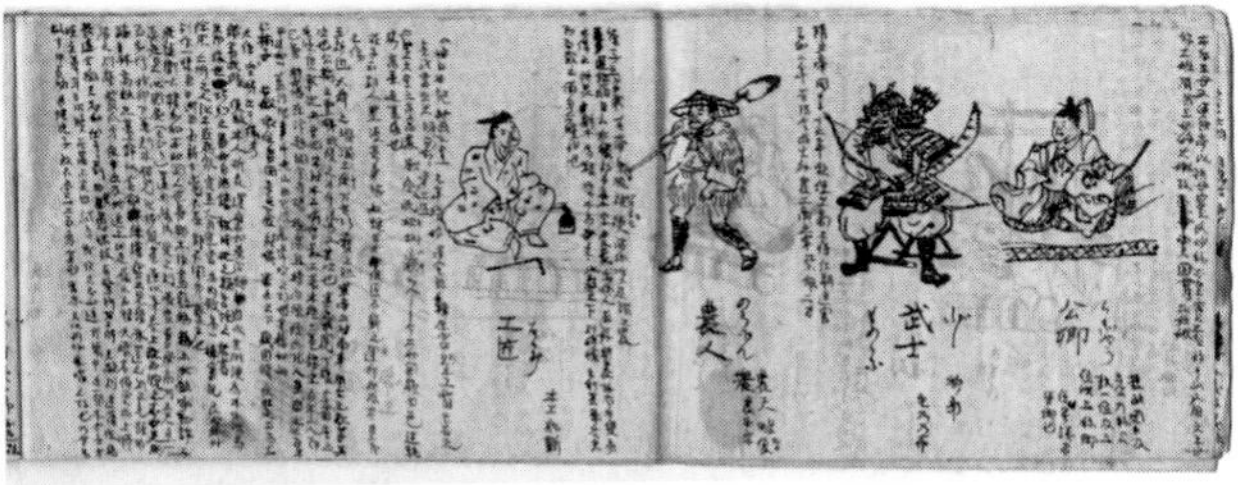

図4-1　熊楠の少年時代の『和漢三才図会』の筆写。公卿や武士など日本のことが書かれているが、漢文で記されており、熊楠も忠実に写している（南方熊楠顕彰館、田辺市）

考では、漢文を日本語訳せずにそのまま掲載しているケースがめだつ。執筆している熊楠はもちろん、読者も漢文を理解する能力を備えていたのだ。

熊楠の最初の「全集」である乾元《けんげん》社版『南方熊楠全集』（全一二巻、一九五一～五二年）では、熊楠の書いたとおり、漢文のまま収録されており、現在の読者にはたいへん読みにくい。いっぽうで平凡社版『南方熊楠全集』（全一二巻、一九七一～七五年）では漢文はすべて読み下し文に開かれている。熊楠の原文を損なったという批判もあるが、わたしとしては、比べものにならないほど読みやすくなり、一般読者に受け入れられるのに必要な作業だったと認識している。作業にあたったのは中国文学者の飯倉照平で、その漢籍についての理解がなければ、熊楠研究は五〇年は遅れたのではないか。

蔵書にも漢籍は多く、中国文学者の金文京の計算では、計二三〇部にのぼる。しかも、そのうち一六〇部には書き入れがあり、しっかりと読みこんでいたことがわかる。大半は晩年に経済的余裕ができてから買い入れたものだが、歳をとっても漢文読解能力を保持していた証拠でもある。

熊楠は欧米系の言語をよくしたことが有名だが、日本語の次に解した言語が、英語だったか漢文だったかは意見が分かれるところだ。ただし、現代中国語を話すことはできず、一八八六年に横浜からアメリカに渡るシティ・オブ・ペキン号の船上では、中国人乗客と筆談で会話した。ロンドン時代に厚い友情を交わした孫文との会話も、英語でおこなわれたと推測されている(図4―2)。

福沢諭吉とのすれちがい

紀州藩は蘭学や洋学にあまり熱心でなかったらしい。それでも熊楠の生まれた一八六七年には、紀州藩にとりたてられた洋学者の池田良輔が英文法書の『英訳文典』を出すなど、幕末にかけて英学熱が高まっていく。藩主に近かった津田出《いずる》が大坂の紀州藩邸で学校を開き、星亨らを迎えて藩士たちに英語を教えさせたこともあった。藩校の学習館は一八六六年から、武家の子弟以外にも広く門戸を開くようになり、校長を

図4-2　1901年2月15日、帰国した熊楠を、孫文が和歌山まで訪ねたときの記念写真。中央が孫文。熊楠はその左うしろ
（南方熊楠顕彰館、田辺市）

務めた浜口梧陵《ごりょう》や松山棟庵らが、福沢諭吉を招聘して英語教育を進めようとしたこともあった。福沢からは謝絶されたものの、和歌山の学校には吉田政之丞ら慶應義塾出身の人材が教員として多数送りこまれ、英語教育を担っていくことになる。一八六七年に福沢が渡米した際には、和歌山藩から依頼され、英書を購入した縁もあった。福沢から浜口へ慶應義塾刊行の英文典教科書が大量に送られた記録もある。このようなつながりにより、和歌山出身者が大量に慶應義塾へ進学していくことにもなった。

和歌山で初めて「生《なま》」の英語が教えられたのは、藩の設立した英学校である共立学舎で、一八七〇年にイギリス人のF・H・サンダースが教師陣にくわわってからだ。同校は福沢の助言によって、藩の資金と民間の運営による「共立」の形態をとり、藩立洋学所とも呼ばれた。しかし、半年ほどで閉校となり、サンダースも和歌山を去った。のちにできる和歌山中学にも、英米人教師は一八八七年までおらず、熊楠がネイティブの英語を教わることはなかった。

熊楠にかかわった和歌山の英学者として、鳥山啓《ひらく》の名を忘れるわけにいかない。紀州藩時代に外国船応接係を務めていた鳥山は、明治維新後に神戸の英国領事館に勤務して英語力を磨いた。一八七二年には、のちに熊楠が住むことになる田辺の小学校教師となっている。一八七六年に和歌山師範学校に移ると、一八七九年からは和歌山中学も兼任して博物学を担当し、熊楠に大きな影響を与えた。ちなみに、軍艦マーチの作詞者として知られる人物でもある。

和歌山と慶應義塾との関係の深さから、一八八六年三月には福沢諭吉が和歌山を訪れ、講演会を開いている。一八八六年三月二四日の熊楠の日記には、「福沢諭吉氏、当地へ来たる」、二五日には「弁才天山にて福沢氏の会あり」と記録がある。熊楠は講演会には出席しなかったが、市内の銀座通りで福沢の姿を見かけたようで、一九一八年七月に田辺の地方紙である「牟婁新報」に連載された「田辺町湊村合併に関し池松本県知事に贈れる南方先生の意見書」では、「小生は、故福沢先生に銀座通りでちょっとお目に掛かりたるのみ、対談したことなければ、その実相を知るに由なし」としている。

一八八六年は、熊楠が東京から和歌山に帰り、予備門を中退してアメリカへ渡る覚悟を固めたタイミングであった。その意味でも、アメリカ経験の豊富な福沢に関心を惹かれていたのだろう。渡米後の杉村広太郎宛の一八八七年七月一九日付書簡には、「ニューヨークのポーキープシー（福沢の子おる）」とあり、同時期に福沢の息子の捨次郎がニューヨーク州ポーキープシーに留学していたのを強く意識していたようだ。

熊楠は福沢に心酔し、大きな影響を受けたと考えられている。在野の人間として親近感を覚えていたようで、一九一四年一二月九日付の上松蓊《うえまつしげる》宛の書簡では、「小生は故福沢諭吉氏の天爵《てんしゃく》説に心酔し、いまも学位とか学会員と申すは一切辞退いたしております」と述べている。天爵とは、官位などはもたないが、自然にそなわった立派な人格の人物、在野の貴人のことをいう。

そうした影響もあってか、熊楠はイギリスで鎌田栄吉、中井芳楠、巽孝之丞《たつみこうのじょう》（慶應義塾出身ではないが、のちに特選塾員となっている）ら紀州―慶應義塾人脈と親しく付き合っていくことになる。

学校教育で英語を学ぶ

熊楠が英語を勉強しはじめたのは和歌山中学時代だが、成績はあまりよろしくなく、南方熊楠記念館に残る卒業時の定期試験成績表を見ると、卒業した七人のうち、英語は下から三番目であった。東京に出た熊楠が入学した神田共立学校は、第二章でふれたように予備門教授の高橋是清が校長に就任しており、熊楠も高橋から英語を習った。高橋自身の英語学習については、有名な逸話がある。一八六七年に仙台藩から派遣されてアメリカに留学したものの、英語がほとんどできなかったため、仲介人に留学費用を着服され、なかば奴隷状態となる年季奉公契約書にサインしてしまう。そしてそのような状況に気づかぬまま、牧場や農場で労働しながら英語を身に付けたのである。これも一種の独学といえるかもしれないが、ともかく高橋が英語教育に力を入れたのも当然だろう。

つづいて進んだ東京大学予備門が東京英語学校を前身としたのは、すでに述べたとおりだ。東京英語学校にはさらに前身があり、一八七三年にいくつかあった官立の外国語教育機関を統合した東京外国語学校をもととする。同校は、英語、フランス語、ドイツ語、ロシア語、中国語の五専攻からなり、高等教育の前提となる外国語教育と通訳養成の役割を担った。そのうち英語科のみが独立して、東京英語学校になった。

このように前身が東京英語学校であったため、予備門では英語教育を重視した。第二章で見たように週に一二時間という徹底ぶりで、全授業コマ数の半分近くを占めている。東京大学ができたころは、まだ日本人だけで授業がこなせず、多くの外国人教師がいたゆえであった。ほかにも、東京大学法科大学では、一八八〇年代、条約改正をめぐって法廷で英語を使う可能性があるとして、英語が必須とされた。それにしても、二〇歳前後の学生たちが、よくついていけたものだと感嘆させられる。熊楠もこうしたなかで英語力を鍛えられていったのだ。

やがて予備門が改組された一高をはじめ、各地にできる予備教育機関でも外国語習得は絶対条件とされていく。しかも、英語だけではダメで、二ヵ国語が必修である。このようにきっちりと外国語を習得した人材であれば、やがて留学するのにも壁は低かったことだろう。

予備門でどのような英語教育がなされていたかは、思想家、文筆家の三宅雪嶺の回想に詳しい。それによれば、原書講読が多く、のちに東大総長や文部大臣も務める社会学者の外山正一《とやままさかず》は、社会進化論者のハーバート・スペンサーを使っていたという。熊楠がのちにスペンサーに傾倒した始まりも、このあたりにあったのかもしれない。ちなみに三宅は次章でふれる『南方二書』を受けとった際に、熊楠の神社合祀反対運動に「大いに賛成の意」を伝えてよこす。やがて熊楠は、三宅らの興した政教社の「日本及日本人」という雑誌に大量の論考を発表していくことになる。

一八八五年の日記巻末には、「明治十八年一月より大学時間表」として時間割が記されており、水曜、金曜、土曜にストレンジと書かれている。イギリス人教師のフレデリック・ウィリアム・ストレンジのことで、一八七五年に来日して東京英語学校の教員となり、そのまま予備門でも英語や数学を担当した。スポーツマンとして知られ、学生たちにも陸上競技やボート、野球（ただし、本人はクリケットが本職だった）を指導したことから、日本近代スポーツの父とも呼ばれている。

英語以外の科目でも、たとえば隈本有尚《くまもとありたか》の数学の授業では、英語で書かれた教科書を用い、隈本が口頭で翻訳して出題したものに、学生たちが英語で答えたという。地理学でも、やはり教科書は英語だった。英語以外のコマでも、予備門の学生たちはほとんど英語漬けだったのである。

キューバでスペイン語を話したのか

英語以外の欧米系言語にとりくみ始めたのはアメリカ時代で、和歌山中学時代の同級生の喜多幅武三郎に宛てた書簡（一八九一年八月一三日付）では、「小生ちょっとスペイン語やらかし」とある。その直後の九月一六日にフロリダからキューバのハバナに渡ると、一月七日にアメリカに戻るまで四ヵ月近く滞在した。渡航する前に、きちんと言葉を準備していたのであった。このあたり、熊楠の用意周到さが見てとれる。どのくらいスペイン語を話せたのかは不明だが、四ヵ月もいたのだから、かなり巧みになったのではないだろうか。購入時期は不明なものの、かなり使いこんだようすのスペイン語・英語辞典も現存する。

かつては熊楠がカリブ海各地をまわって革命軍に身を投じ、銃創まで負ったなどといわれていたが、現在では事実でなかったことがわかっている。熊楠の身体には、銃による傷などなかった。熊楠は政治活動には手を出さず、キューバの豊かな熱帯植物相のなかで熱心に採集に励み、ギアレクタ・クバーナという地衣類の新種も発見している。のちに「これ東洋人が白人領地内において最初の植物発見なり」（「履歴書」）と誇り、昭和天皇へのご進講にも持ちこんだ。キューバ時代の生物標本は南方熊楠顕彰館にいくつも残り、紙巻きたばこの缶に入れられたキノコの標本（図4－3）などが知られている。

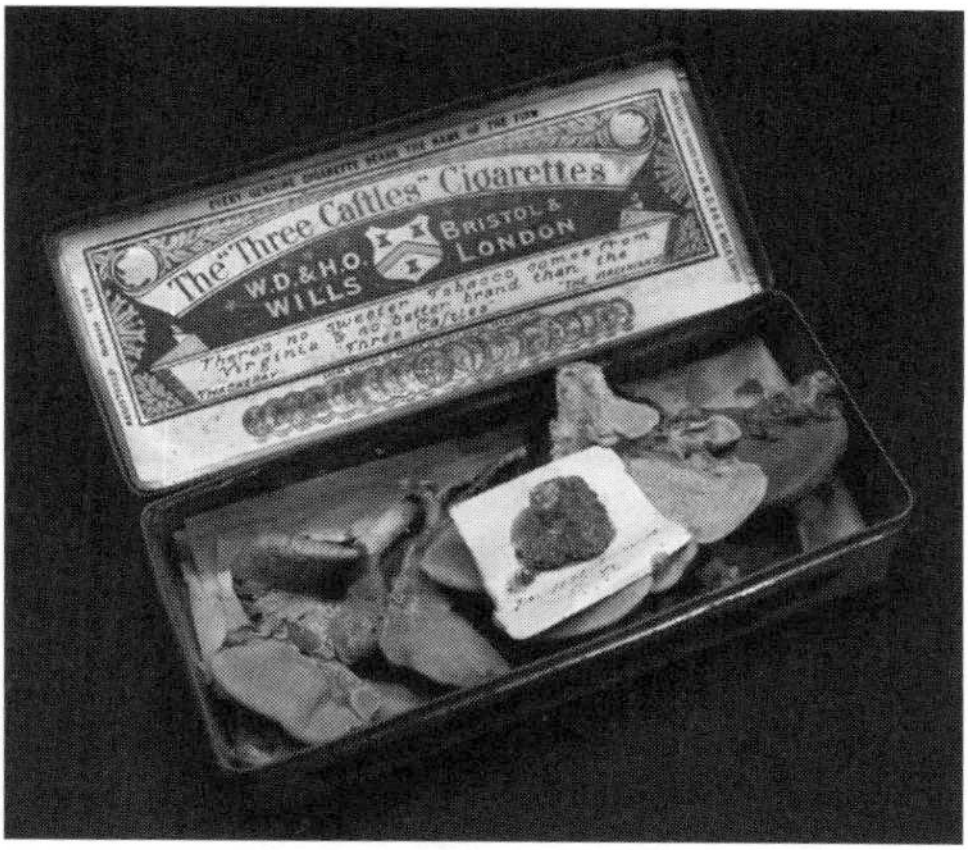

図4-3　キューバで採取したキノコの標本。イギリス製の紙巻きたばこの缶に入れられている。ロンドンで整理したものか（南方熊楠顕彰館、田辺市）

多言語の海へ

本格的に多言語を学びはじめたのはロンドン時代であった。一八九四年八月二日の日記に、「今日より大いに勉学、努めて一分も時間をむだに過ごさず」と決意を記し、一二日に「朝—午後、仏、羅、隔日。／夜、英書。／日曜、日本書を見てもよい」とあり、午前と午後はフランス語とラテン語を日替わりで、夜は毎日英語を勉強している。日記をよく確認すると、最初は「独」とドイツ語を勉強しようとしたのを消して、「羅」に変えているのがわかる（図4－4）。それにしても、日曜にしか日本語の本を読んではいけないとは！　一六日にも「ラテン語およびフランス語を読む」とある。九月七日には「西、仏、羅の三、隔日とする」とスペイン語もくわえようとしたが、どうやらあとから取り消したらしい。九月一二日には、ふたたび「いかなることがあっても、日曜のほか、日本、中国の書を見ず」と書く。九月二五日には「仏語稽古日」とある。このように熊楠はストイックに語学を勉強していたのであった。ただ、フランス語を勉強すべき日だったのに忘れてしまったり、誘惑に負けて日本語の本を読んでしまったりしていたのではないかとも疑えるが……。

それでは、具体的にどんな勉強法をとっていたのか。熊楠は、一九一二年三月三〇日付の高木敏雄宛書簡で、「小生かの地にありし間は、かの地には字書とポリグロット本が自由に使えたので、十八、九の語を自在に読み、書き抜きました」と述べている。ポリグロットとは対訳本のことであり、たとえば左ページにイタリア語の原文、右ページに英訳が載っているようなものをさす。これと辞書を合わせて使うことで、さまざまな言語を学んだというのだ。イギリスでも言語を習うのに、教師についたりせず、あくまでも独学だったことがわかる。

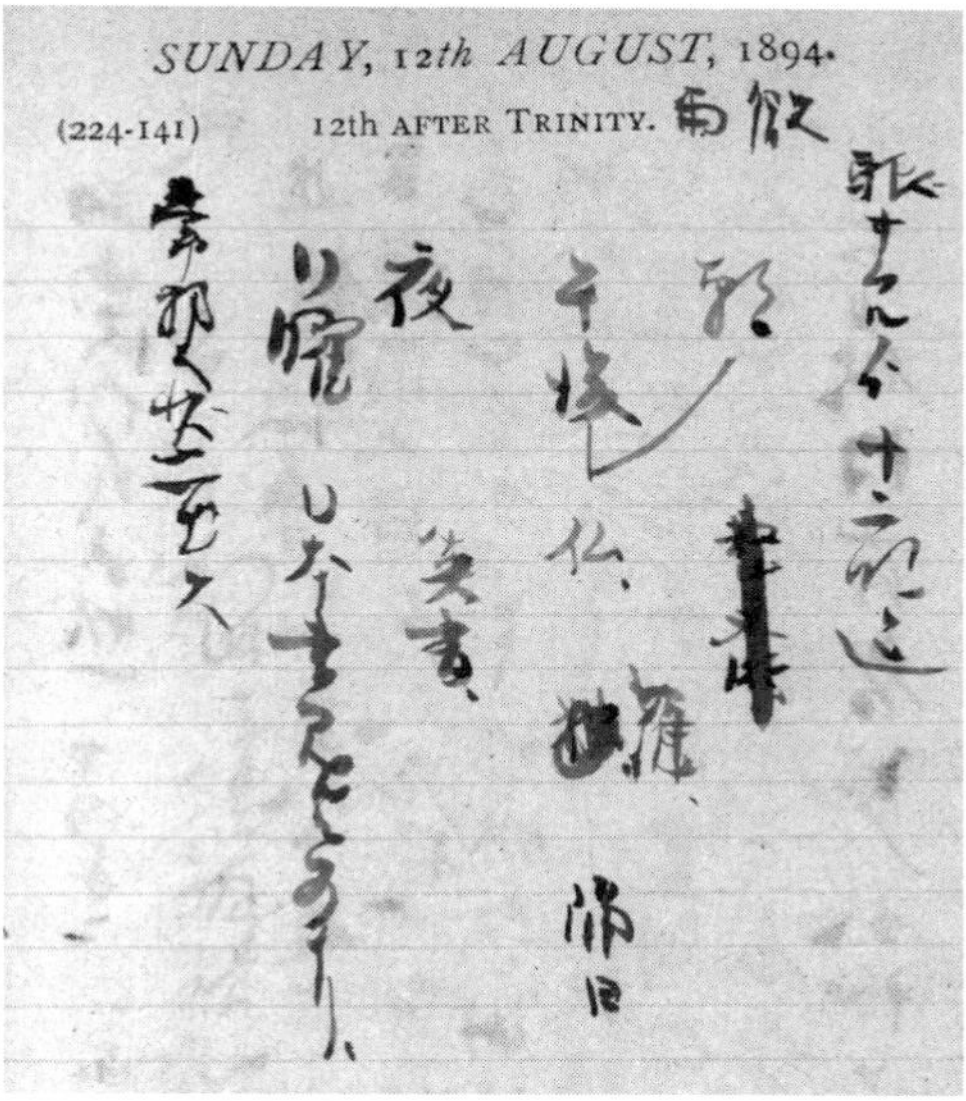

図4-4　1894年8月12日の日記
（南方熊楠顕彰館、田辺市）

そしてやはり筆写も欠かせなかった。一八九五年四月に始まるロンドン抜書を順番に見ていくと、まず最初に写されているのはジャン・ムーラの『カンボジア王国』で、フランス語の文献なのである。イギリスの図書館で、あえてフランス語の本から始めたのには事情があった。このころ、「ネイチャー」に投稿しようとしていた「拇印考」、すなわち指紋をテーマとする論考に必要なデータが、『カンボジア王国』にふくまれていたのである（松居竜五による指摘）。ただ、二つめのパジェス『日本切支丹宗門史』もやはりフランス語であることからすると、目前の目的だけではなく、フランス語を学習するのだ、という強い意志が見えてくる。

そのあとは英語とフランス語の本が入り混じり、第二巻のラムージオの『航海と旅行』がイタリア語の最初の書写となる。同書はさまざまな旅行記を集成したもので、熊楠はくりかえし論考執筆に用いていく。スペイン語の初出も第二巻で、フェイホー『世界学芸の総批評』が見える。ドイツ語は第四巻のシュテラー『カムチャツカ地誌』が始まりだ。このようにして熊楠は、ロンドン抜書で多言語の世界を展開させていったのだった。

フランス語やラテン語については、すでに見たように一八九四年から勉強していたのがわかっている。しかし、イタリア語やドイツ語については、おそらくロンドン抜書を作成しながら学んでいったのではないか。あらかじめ身に付け、そのうえで書写に進んだのではなく、これらの言語で書かれた文献にとりくみ、書き写すなかで言語をマスターしていった。『和漢三才図会』を書いて覚えたのと同様に、ひたすら書写するなかで多言語を覚えていったのだと思われる。とんでもない天才ぶりである。

ただ、熊楠はオランダ語ができなかったようで、一八九六年八月一三日号の「ネイチャー」に掲載された「マンドレイク・補足」では、「私の理解の及ばないオランダ語」と記している。江戸期には西洋の言葉といえばオランダ語であり、蘭学が発達していたことからすると、いささか意外である。

本章を読めば自分も多言語に精通できるのではと期待していた読者にとっては、少しハードルの高い結果になってしまったかもしれない。しかし、ひたすら書き写すのが語学学習のひとつの方法であるのはまちがいない。しかも、どこでもできる、ひとりでできる、いつでもできる、お金がかからない、といったメリットもある。だまされたつもりで、熊楠の方法を試してみてはどうだろうか。

「しゃべる」ための訓練方法

一九一九年九月三日付の上松蓊宛書簡では、外国語を「話す」練習について、次のように述べている。

語学なども、小生は半ヵ月でたいてい自分が行って滞在している国の言葉で日用のことだけはしゃべりました。これも日本でのやり方とは違って、みずから話すよりも、ひとの話を聞き分ける稽古に酒場《バー》などへ通い、のろけ話、借金の方法、法螺話、貸した金の催促、それから喧嘩口論などいっさいに耳を傾け、聞いていれば、猿が手を打つとか、蟻がすねをかじるとかいった一年に一度も使わないような表現を学ぶよりは、手っ取り早く「もうちょっとまけろ」「いやそれは難題だ」［……］などを初歩として、一語一言はさしおいて、一句一般の成語が分かりやすいのです。さて、物の名や事の名は「汝はこれを何と呼ぶか」という一問さえ話すことができれば、誰でも教えてくれるものです。前置詞、すなわち日本でいうところのテニヲハ、これだけは六、七十おぼえる必要があるものの、ほかのことは別段書籍によらずとも、すぐに分かるものなのです。それから読書の一段になると、欧米には対訳本というものが一通りあるのです。一ページが英語、一ページがイタリア語というふうに向かい合わせに同一の文を別の言語で書いてあります。それを一冊でも通読すれば、読書はできるものです。そのうえで、難しい言葉は字書で引くのです。

本当にそれだけで身に付けられるかは、正直、半信半疑だが、ともかく熊楠はこのようにしていたのだという。それにしても、言葉の勉強に酒場へ行くとは、いかにも熊楠らしい。よほど酒が好きだったのだろう。それに、ふつうのひとなら、酔ってしまって憶えるどころではないのでは……。しかも、そこで行きあった客たちと会話することで話せるようになるのではなく、こっそり聞き耳を立てているだけなのである。こんなところにも、熊楠の内気さがにじみでている。

「N&Q」への投稿での諸国語の引用

熊楠は「ネイチャー」と「N&Q」への投稿で、フランス語やスペイン語、イタリア語といった文献を原文のまま引用するのが常だった。たとえば、「盗みが罪とならないこと」(一九〇四年一二月二四日号)では、

ボッカチオ『デカメロン』(第一〇日第四話)に、ジェンティーレ・デ・カリセンディ氏が次のように友人に言う場面がある。

「みなさん、私は、ペルシアでおこなわれている習慣について、何度か聞いたのを思い出しました。すばらしいことだと私は思うのですが、あるひとが友人に最高の敬意を示そうと思ったら、その相手を自宅に招き、家や、妻や、愛人や、娘や、そのほか何でも自分のもっとも大切なものを見せ、できることなら自分の心臓をも、同じように喜んでお見せしたいと述べるというのです」

『デカメロン』はイタリア語の書物だから、右の引用でも「みなさん」以降は原文のイタリア語のまま書かれている（日本語訳してしまうとわかりにくいが）。このあと熊楠は「ペルシアには本当にこのような習慣があったのだろうか」と尋ね、さらに日本でも喜《き》多村信節《たむらのぶよ》の『嬉遊笑覧《きゆうしょうらん》』（一八三〇年頃）に類例が出ていると述べ、また中国のモンゴル系王朝である金でも、似たような事例があったと漢文から引用していく。

これ以外にフランス語、スペイン語、ラテン語も「N&Q」への投稿で多用されている。驚くべき多言語ぶりで、はたして読者が付いていけたのか心配になる。実際、最近になって、それにまつわる証拠が発見された。すでに述べたように、わたしは「N&Q」への草稿と掲載版を比較することで熊楠の執筆過程に迫ろうとしており、二〇二三年四月に「熊楠研究」一七号に掲載された研究ノートでは、「バートンの『アナトミー』に関する中国の諺」（一九〇九年一〇月二日号掲載）を扱った。「中国人には目が二つある。フランス人にはひとつあり、他の民族はひとつも目をもたない」という諺を複数の言語間で比較したものだが、草稿と掲載版では大きな異同が見られる。熊楠は、バルバロの『一四三六年から一六年間のタナ、ペルシアの旅』を引用しており、草稿では原文のイタリア語のまま書かれていたのが、掲載版では英語に直されているのである。

これ以前にも熊楠はしばしばイタリア語を引用しており、「さまよえるユダヤ人②」（一八九九年八月一二日号）、「ユダヤの結婚式でグラスを割ること」（一九〇四年三月五日号）、「船乗りシンドバッド―猿とココナツ」（一九〇七年四月六日号）など多数の例がある。そのため熊楠が「バートンの『アナトミー』に関する中国の諺」のイタリア語の箇所を、草稿から完成稿に清書する際にみずから英訳したとは考えにくく、編集部が直したと推定される。おそらく、「N＆Q」の一般的な読者はイタリア語を解さないと判断したのだろう。なぜこの時点で編集方針が変わったのかはわからないが、熊楠の語学力は、多くのイギリス人よりも優っていたのである。

もうひとつ小ネタを紹介しておきたい。熊楠は「N&Q」への投稿にペンネームを使っていた時期がある。オソ・イ・アルカンフォラーダというもので、スペイン語でオソは熊、イは英語のアンドにあたるもの、アルカンフォラーダは楠を意味する。一九二五〜二六年にかけてのことで、このころ熊楠は経済的な問題から「N&Q」の購読料が払えず、たびたび督促を受けていた。それをごまかすために、ペンネームを名乗ったのではないかと思われる。スペイン語に通じたイギリス人は少なく、ばれる心配はないと考えていたのだろうか。

南方熊楠顕彰館には、熊楠が所蔵した辞書が多数残されている。英語やフランス語はもちろん、ヘブライ語、サンスクリット語、ギリシャ語、ポルトガル語、ロシア語、マレー語と多様だ。多くは英仏辞典、羅英辞典など、英語と対照させたものとなる。帰国後に、日本で出た語学学習書を購入した例も少なくない。しかも、これらにはきちんと勉強したあとが残っている。熊楠は語学マニアだったのかもしれない。

熊楠があやつれた言語は、左記のようなものだったと考えられる（月川和雄「語学力」『南方熊楠を知る事典』松居竜五・月川和雄・中瀬喜陽・桐本東太編、一九九三年／田村義也「語学力」『南方熊楠大事典』松居竜五・田村義也編、二〇一二年を参照の上で、新たな情報を吟味し、作成した)。

英語→読み、書き、聞き、話せた

漢文→読み、書けた

フランス語→読めた

スペイン語→ある程度は読め、話せた

ドイツ語、イタリア語、ラテン語→ある程度は読めた

ギリシャ語、ロシア語、サンスクリット語、ヘブライ語、ポルトガル語、マレー語

→一部の単語は理解できた

国際的な知識人たちの学術空間

「ネイチャー」と「N&Q」の投稿者はイギリス人が中心とはいえ、外国からもたくさんの論考が届いていた。両誌では、引用部分が原文であるケースは珍しくないものの、地の文は英語で書かれている。英語が共通言語として機能していたのであり、学問世界への参入には英語をマスターしている必要があった。現在の学術雑誌で、英語が共通言語となっている始まりである。

しかし、そういった「常識」を超えた雑誌空間があった。熊楠が「妻の腹に羊を描いた男」（一九一〇年六月一七日号）を寄せたオランダの「フラヘン・エン・メデデーリンゲン（質問と通信）」である。

「フラヘン」は、J・F・ベンゼという出版人がオランダのアーネムで発行した雑誌で、一九一〇年一月七日に創刊され、週刊で発行されたが、六月二四日に二五号を出したところで廃刊となった。コンセプト、体裁ともに「N&Q」にそっくりで、誌上での情報交換を目的としており、読者からの投稿によってすべてのページが構成された。

熊楠のもとには、ベンゼから東京のオランダ公使館員M・W・デ・フィッセル博士を介して寄稿依頼が届いた。熊楠は「N&Q」の東洋からの著名投稿者であり、ぜひラインナップにくわえたいと思ったのだろう。熊楠は喜び、すぐさま原稿の用意にかかる。しかし、さきに述べたように熊楠はオランダ語ができなかった。大丈夫だったのだろうか。

じつは「フラヘン」の投稿規定には、オランダ語だけではなく、英語、フランス語、ドイツ語でもOKと記されていたのである。実際に誌面には各国語の論考が並んでおり、一種、異様な空間となっている。さらに途中からはイド語（エスペラント語を改良した人工国際語）もくわえられた。この点に英語を基軸に据えた「N&Q」との違いがあり、「フラヘン」はより国際的であろうとしたといえる。ただし、読者がすべての論考を理解しえたかは定かでなく、その点に早期廃刊の原因があった可能性も否定できない。

「フラヘン」創刊号の表紙には、「通信者」として五六人の名前が並んでいる。多くはオランダ人だが、外国人もイギリスのF・P・ベヴィル・シップマン、ジェイムズ・プラット・ジュニア、J・G・ロバートソン、イタリアのギズベルト・ブロム、アメリカのW・E・グリフィス、ドイツのG・クルーガー、ベルギーのH・ロゲマン、ハンガリーのジギスムント・リントゥム、オーストラリアのW・シーベンハール、フランスのC・スナビビリエ、スウェーデンのE・ウランゲリの一一人が認められる。こうしたなかに熊楠もくわえられたのであった。

創刊号では、ベンゼによる二ページ半にわたる挨拶文につづいて、通信欄冒頭に前述のデ・フィッセル（投稿地はライデン）による「日本の『天の犬』」、すなわち天狗を扱った論考が置かれている。この点にも国際志向を感じる。

熊楠の「妻の腹に羊を描いた男」は、まずイギリスの『百笑譚』(一五二五年ごろ)から、ある画工が旅に出るにあたり、かねてから不貞を疑っていた妻のお腹に、用心のため羊の絵を描いておいた。ところが帰ってきてみると、角のない羊を描いたはずが、いつのまにか二本の角を生やした羊の絵になっていた、という話を紹介している。つまり、男女の行為によって絵が消えてしまったので、慌てて描きなおしたものの、うっかりまちがえたのである。

この話をA・コリングウッド・リーの『デカメロン――源泉と類話』(一九〇九年)に出ているヨーロッパの類話と比較し、さらに日本の無住道暁による『沙石集』(一二八三年)に、より早い時代に書かれた類話があると指摘する。『沙石集』では、寝ていたはずの牛が立ち上がっている。熊楠お得意の東西の説話を比較する研究のひとつで、東洋の例が西洋より三〇〇年も先行していることを示そうとした点に眼目があった。

「フラヘン」に掲載されたのは「妻の腹に羊を描いた男」だけだったが、じつは熊楠はもう一篇を投稿していた。六月二〇日の日記に、「蘭国雑誌メデデーリンゲン・エン・フラゲンへ投書Notes on Bocaccio's Decameronを認《したた》めにかかる」とあり、七月一日に「フラゲン・エン・メデデーリンゲンへ寄せる『デカメロン』附記論文、十二夜かかりしなり。参考書十六種。英4、仏2、独1、伊1、和6、漢2」と、完成したことが記されている。このように引用文献を各国語ごとに数字で示すのが、熊楠のいつものやり方であった。何ヵ国語も使っていて、さすが熊楠と思わされると同時に、どこか不器用なプライドも透けて見える。また、「フラゲン」と発音をまちがえている点からは、やはりオランダ語ができなかったのだな、と確認させられる（Vragenと綴るが、フラヘンと読むのである）。

しかし、この論考は未掲載に終わった。というのも、先に述べたように「フラヘン」は六月二四日発行の二五号で廃刊となってしまっていたのだ。内容については、五月一七日の日記にある「Bocaccio, Decameron, Day 3 Novel 3 に似たる独逸話、後家、おのれのほれた男子、おのれに逼《せま》ると教師に告げて、おのれの室に忍び入る方法をその男に伝える話に似た日本話を、昨夜おそくなるまで西鶴の書のなかに探りしも見出せず、今日ようやく朝から午後二時までかかりて、『一洞の寛闊《かんかつ》大臣気質《かたぎ》』、三の巻三章より見出す」が該当するようである。

「N＆Q」では、ヴィクトリア時代イギリスの厳しい倫理規範によって、性に関するあからさまな話題が出ることはなかった。それに対して、オランダの雑誌では、このような話題が許されていた。オランダならでは、といえるかもしれない。

「フラヘン」に似た雑誌で、熊楠をとりこもうとしたものがもう一誌あった。一九一二年一二月二七日の熊楠の日記に、「シカゴ市Eugene Mcpike印刷物一(インターナショナル・ノーツ・エンド・キリス出版の見込書なり)」とあり、アメリカのマクパイクから「インターナショナル・ノーツ・アンド・クエリーズ」への誘いが来たのである。マクパイクは編集者、出版者として活躍したほか、科学史家としてエドモンド・ハレーについての著作も手がけた人物であった。まさにハレー彗星の接近していたタイミングで出た「フラヘン」二四号の「ハレー特集」には、「ハレー・クラブ」という論考を寄せている。また「N&Q」の一九〇五年二月一一日号には「各地のノーツ・アンド・クエリーズ」というクエリーを出しており、そのなかで「イギリスのローカル版『ノーツ・アンド・クエリーズ』についての一覧があれば、イギリスのことを調べるのに、アメリカの読者に有用であろう。独立した雑誌だけでなく、新聞などにふくまれる『ノーツ・アンド・クエリーズ』欄についても」教えてほしいと述べている。

これらの活動の結果として生まれたのが、「インターナショナル・ノーツ・アンド・クエリーズ」であった。同誌は「ザ・マガジン・オブ・ヒストリー」の別冊として一九一二年に創刊され、英語のほか、イド語での投稿を受け付け、副題もイド語で「Internaciona Notaro e Questionaro」と付けられた。マクパイクにはイド語で書かれた著作もあり、「フラヘン」にイド語がくわわったのも、マクパイクの要請によるものかもしれない。しかし、「インターナショナル・ノーツ・アンド・クエリーズ」は「フラヘン」以上の失敗に終わる。一九一三年に第二号を出したところで、早くも廃刊となってしまったのである。結局、熊楠が投稿することもなかった。

挫折したロシア語

熊楠はアメリカ時代からロシア語を学んでいるが、在外中にはものにならなかった。帰国してからも再挑戦しており、一九一七年九月三〇日の日記に「露語稽古す」とある。このあともしばらく頑張ったようすがうかがえるが、習得できなかったようだ。語学の天才たる熊楠にも、マスターできない言語があったのである。もう歳をとりすぎていたためだろうか。あるいはヨーロッパの言語のなかでも、あまりにほかと異なるからかもしれない。ロシア語はキリル文字を用い、文字からして違う。

一九二四～二六年には、タシケントのアジア中央大学から紀要が届いている。熊楠を国際的な学術空間の重要メンバーとみなし、わざわざ送ってきたのだろう。しかし、内容はすべてロシア語である。熊楠にはたして理解できただろうか。

熊楠の日記にはキリル文字がしばしば出てくる。以前に、ある雑誌の企画で熊楠の日記を扱ったとき、担当編集者が大学時代にロシア語を学んでいたというので、読み解いてもらおうとしたことがある。しかし、残念ながら部分的にしかわからなかった。というのも、一部はロシア語の単語を使い、一部はキリル文字の発音だけを日本語にあてているようで、混沌としているのである。解読できた部分でいうと、「妻」にあたる「ジェナー」がたまに出てくる。また、Hのように見えるのはロシア語のニエット（否）の頭文字らしい。たぶん性的なことがらに関する記録であろうと考えられているものの、本気でとりくむ研究者がいないからか、調査は停滞している。熊楠がロシア語を熱心に勉強していたわりに、活かす場がこれだけだったというのは残念だ。

第五章　神社合祀反対運動と「エコロジーの先駆者」

熊楠とエコロジー

近年、熊楠は「エコロジーの先駆者」として有名になっている。本章で扱う神社合祀反対運動を通して神社や「鎮守の森」を守り、巨樹の伐採を防ぎ、紀南や熊野の自然を現在まで保存するのに貢献した。その際に木々、花々、シダ植物、キノコ、動物、昆虫、土壌などを総合的に守らなければならないと訴えたため、エコロジー、すなわち生態学を日本にもちこみ、実践した最初の人物と位置づけられるのである。

しかし、せっかくエコロジーを日本に導入し、社会全体を動かすような運動を展開しておきながら、熊楠はわずか数年でエコロジーから手を引いてしまう。父祖の地の産土神《うぶすながみ》である大山神社（現在の日高川町）を守れなかった挫折が、熊楠を社会運動から遠ざけたのであった。

もし熊楠が、その後もエコロジーの理論と実践を継続していたら、日本の自然破壊がこれほど進むことはなく、緑に満ちた景観が保たれ、ひとびとが生物と共存する世界が実現していたかもしれない。なぜ熊楠はエコロジーを捨ててしまったのか。

熊楠の「履歴書」

ここまで何度も引用してきたが、熊楠が自身の生い立ちを語った「履歴書」という文章がある。日本郵船の大阪支店副長を務めた矢吹義夫宛に書かれた書簡で、一九二五年一月三一日の早朝五時前からとりかかり、二月二日までに書きあげた分を三日に投函、さらに後半分を一九日に出している。当時、熊楠は還暦も近い五七歳で、まさに人生をふりかえって書かれたものであった。

天地一八・二センチ、長さ七八〇センチの巻紙に、びっしりと筆で細かく書かれ、約五万八〇〇〇字におよぶきわめて長大な書簡である。長い手紙を多く残した熊楠だが、そのなかでも最大級の力作といえるだろう。受けとった矢吹もびっくりしたのではないか。なお、「履歴書」の呼び名は、日記の「予履歴書様の長文」という記述からきている。内容は、南方家の由来、『和漢三才図会』との出会い、アメリカやイギリスでの生活、「ネイチャー」に発表した研究のことなど。

「履歴書」が執筆されたそもそもは、一九二四年に矢吹が大日本紡績連合会へ記念の彫像を贈呈するにあたり、熊楠の弟子の小畔四郎に相談したことであった。小畔が、もし「綿の神さま」といった存在があればモデルにぴったりなのではないかと思いつき、熊楠に問い合わせてみたところ、綿花が日本に伝わったのはかなり新しいので、神もいないだろうとの回答が届く。矢吹は熊楠の博識ぶりに感銘を受け、設立準備中だった南方植物学研究所の基金募集の一助になれるのでは、と略歴を依頼してきた。それに応えたのが「履歴書」なのである。

「履歴書」の冒頭は、「小生は慶応三年四月十五日和歌山市に生まれました。父は日高郡にいまも三十家ばかりしかない、きわめて寒村の庄屋の二男でした。十三歳のとき、こんな村の庄屋になったところで詮方なしと思い立ち」と始まる。

みずからの生年月日と生地を示したのち、父親である弥兵衛（のち弥右衛門と改名）について語っている。弥兵衛は、一八二九年に日高郡入野《にゅうの》（現在の日高川町）に向畑《むかいばた》弥兵衛として生まれた。右にあるように、三〇戸しかない寒村で、庄屋の家ではあったものの、次男だったこともあり、故郷を離れて運試しに出かける。

弥兵衛は御坊での丁稚奉公を経て、和歌山城下の両替商である福島屋の番頭となり、やがて商才を認められて南方家へ入ることになる。南方家は主を失っており、残された未亡人に婿入りしたのであった。しかし、その未亡人も亡くなり、弥兵衛は西村すみを妻として迎える。すみとのあいだに一八六七年に誕生したのが熊楠であった。すなわち、熊楠は南方家に生まれたものの、もともとの南方家の血を引いていたわけではない。婿取りや養子縁組は江戸期にけっしてめずらしくなかったとはいえ、この点は熊楠のアイデンティティにおいて重要であった。そのため、「履歴書」も父の故郷である日高郡入野から始まっているのである。そして、向畑家の産土神である大山神社が神社合祀反対運動の焦点となっていく。

大山神社の合祀反対で中心となったのは、熊楠の従弟の古田幸吉《こうきち》であった。弥兵衛の弟の善兵衛が同村内の古田家に婿入りしており、その息子にあたる。古田は熊楠に協力を依頼して大山神社の合祀を阻止しようとしたが、熊楠自身が運動中に入野を訪ねることはなく、現地での調査や折衝などはすべて古田に任せっぱなしであった。このあたりは、いかにも他人との直接的な関係を苦手とした熊楠らしいが、結局はそこから生じたすれちがいが大山神社の存続失敗につながってしまう。

神社合祀政策とは何だったのか

そもそも神社合祀とはなんだったのか。聞き慣れない用語かもしれないが、「合祀」とは複数の神社をひとつにまとめることをさす。地域内にいくつかある神社をもっとも大きな（あるいは古い／便利な場所にある／祭神が有力な）神社にまとめ、「合わせて」「祀る」から、合祀という。もとの神社は壊され、神社林は伐採され、更地にされた。ここで問題となったのが、跡地や鎮守の森の木々を売却することで利益が発生した点である。しばしば有力者や官吏の汚職につながり、ひとびとの反対を押し切って合祀が進められる原因ともなった。

神社合祀政策がとられた理由はいろいろある。ひとつには、地方改良運動といって、日本の隅々まで天皇を中心とした、神道による国家運営を浸透させようとした政策があげられる。明治政府は神道を「国家の宗祀」と位置づけ、神社を通した国民統合をはかった。そのためには、小さくて得体の知れない神社が無数にあるような状況は好ましくなく、統廃合が推し進められたのである。さらに、この政策にもとづいて神社にかかる費用が公的に支給されることになる。神饌幣帛料《しんせんへいはくりょう》と呼ばれるもので、神饌とは神への供物《くもつ》、幣帛は布などの捧げものをいい、各神社の祈年祭、新嘗祭、例祭に際して県知事から相当する金額が出された。しかし、当然ながら全国すべての神社に支給することなどできない。なおかつ一八九四～九五年の日清戦争、一九〇四～〇五年の日露戦争には莫大な戦費がかかった。日清戦争では賠償金が支払われたものの、日露戦争ではアメリカ合衆国の介入もあり、賠償金が得られなかった。そのために神社の数を減らし、残った神社にのみ費用を出そうとしたのである。

一九〇六年に第一次西園寺公望内閣で神社合祀の方針が打ち出され、当時の内務大臣であった原敬の出した勅令によって府県ごとに実施されていく。府県が主体となったため、全国一律に進んだのではなく、地域ごとにずいぶんな差が生じた。なかでも、おおよそ旧紀州藩域（紀伊国）にあたる三重と和歌山で激烈であり、三重が全国でもっとも合祀が進んで、九割以上の神社がなくなった。和歌山では、熊楠の記録によると五八一九社あったのが、もっとも少なくなったときには四四二社まで減っており、やはり一〇分の一以下まで落ちこんだ。全国的には、政策が終息する一九一四年までに約二〇万社あった神社が約一三万社に減少したと推計されている。

神社合祀は、おおまかにいえば地域（村、集落、地区）ごとにひとつの神社へと減らすのを目標とした。「神社中心説」といって、地域のひとびとの心や活動のよりどころを神社が果たすべきだとする考え方による。中心となる神社には右のように幣帛料を支給し、神官が配置されるなどして、ますます政府／自治体と結びついていくことになる。

いまでもそうした神社に行くと、このときに合祀された神社が境内にずらりと並んでいる。合祀によって名称を変更した神社も少なくなく、たとえば田辺市古尾にあり、熊楠も関わった八立《やたちね》稲神社は、合祀された西八王子神社、八幡神社、出立神社、稲成神社の名称を合成したものであった。

みかんと神社合祀

神社合祀がかならずしも、「上からの圧力」だけではなかった点にも言及しておきたい。現在でも、宗教離れや神社離れが急速に進行し、祭の担い手が足りなくなったり、伝統的な神事が途絶えたりといったことが問題となっているが、明治末期にすでに同様の事態が起きていた。祭や神事には労力やお金がかかるし、コミュニケーション力も求められる。わずらわしいと思うひとたちが、当時から増えていたのである。しかも、熊楠の父がまさにそうだったわけだが、江戸末期からの規制のゆるみと、明治以降に地域をまたいだ移動が解禁されたことにより、若者を中心に地域からひとびとが流出していった。

さらに生業の変化もあげられる。江戸期の農業の基本は米作であった。年貢は米で納入しなければならず、稲作がなかば強制されていた。しかし、明治以降はそうした統制がなくなる。紀州ではもともと江戸後期からみかん栽培が始まっており、現金収入が計算できることもあって、急速に柑橘類や梅が広まる。水田から果樹園へと、景色が一変したのである。そのなかで成功するひともいれば、落ちぶれて村を離れるひとたちも出る。社会の在り方が大きく変化しつつあったのである。これが神社には大打撃となった。新しい労働力も入ってくるが、そうしたひとたちを伝統的な氏子集団が受け入れてくれるかといえば、そうではない。このような状況は、上越教育大学の畔上直樹による『「村の鎮守」と戦前日本――「国家神道」の地域社会史』(二〇〇九年)に詳しいが、風景という点でも、水田からみかん畑や梅林への切り替えは、大きな変化をもたらしていく。

稲作から果樹栽培(柑橘類・梅)への転換の影響は、それだけではなかった。神社が暦と密接に連関していた点を見逃せないのである。日本の暦は、稲作を前提につくられており、たとえば秋に大きな祭をおこなうところが多い。稲の収穫を感謝する神事だからである。ところが、梅の収穫期は六月、柑橘類なら一二月から三月にかけてとなる。稲作をしていたころとは生活のサイクルがずれ、祭からも収穫への感謝という意義が薄れていく。これらが合わさって、和歌山では神社合祀が極端なまでに先鋭化していったのであった。

怒る熊楠

それでは、いったいなぜ熊楠は神社合祀に反対したのか。熊楠が反対運動をスタートさせたのは、植物採集でこもった那智から離れ、田辺に移ったのちの一九〇九年九月のことであった。

神社が合祀されるということは、神さまが引っ越したのと同じで、それまでの境内が空っぽになる。空っぽになったところは、そのまま残しておくことなどせず、転用される。田畑にされるなり、建物が建つなり、公園ができるなりして、従来の環境が潰されてしまう。熊楠にとってそれはみずからの研究フィールドが破壊されることを意味した。そのため、危機感を覚えて反対運動に立ち上がったのである。

熊楠が反対運動を始めた直接のきっかけは、近所の稲成《いなり》村の糸田神社（日吉神社、猿神社とも呼ばれた）が合祀されたことであった。南方家から歩いていけ、鬱蒼とした神社林があり、お気に入りのフィールドのひとつとなっていた。ここで熊楠はアオウツボホコリという変形菌（図５－１）を採取している。灰青色のきれいな姿をしており、それまで見たことのない種類であった。一九〇六年一二月二三日にイギリスの変形菌研究者であるアーサー・リスターに送ったところ、一九〇七年三月一九日付の書簡で新種だと伝えられ、熊楠はたいそう喜んだ。

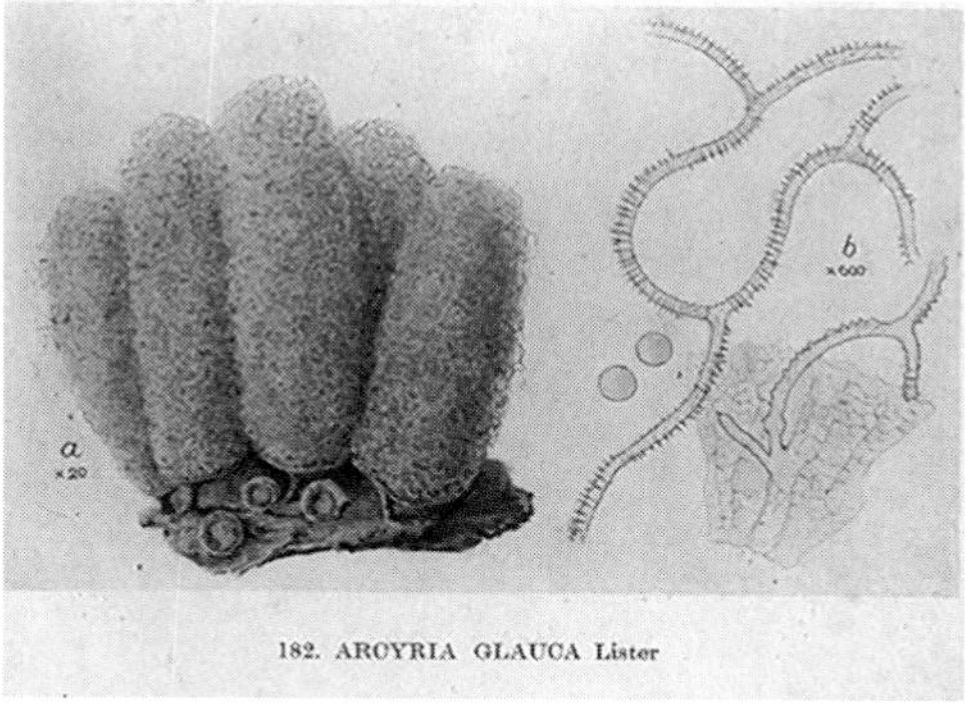

図5-1　グリエルマ・リスターによるアオウツボホコリの記載図（南方熊楠顕彰館、田辺市）

熊楠が発見した変形菌の新種の第一号となったのである。ところが、この書簡が日本の熊楠のもとに届いたのは四月五日。その直前の四月一日に糸田神社の合祀が決定し、同村内の稲荷神社に移されてしまったのである。翌年には境内も整理され、アオウツボホコリが発生していたタブノキの倒木も処分された（図５－２）。これが熊楠を怒らせたのであった。

やはり変形菌研究者だった、アーサーの娘のグリエルマ・リスターに宛てた一九〇九年二月一九日付の書簡では、「わたしたちに多

図5-2　熊楠が撮影させた糸田神社（日吉神社、猿神社）跡の写真
（南方熊楠顕彰館、田辺市）

数の変形菌の標本をもたらしてくれた猿の神さまは、狐の神さまのところへ移されてしまいました。ここの景色はやがて破壊されてしまうでしょう。二度とアオウツボホコリを採取する見込みはありません」と書かれている。糸田神社は猿を神のお使いとする。それが稲荷神社、すなわち狐のところに移されてしまったというのである。

これによって神社合祀のもたらす危険に気づいた熊楠は、和歌山各地で進む合祀に対して、果敢に反対運動を繰り広げていくことになる。

『南方二書』で熊楠の訴えたこと

熊楠は新聞に意見書を発表し、中央の議員たちや和歌山県知事に書簡を送りつけるなどして、反対運動を進めた。よく知られているのが、『南方二書』（図5－3）である。熊楠が自身のエコロジー思想を展開した文章として有名で、もともと東大の植物学者の松村任三に宛てて書かれたものの、熊楠が松村と面識がなく、柳田国男に仲介を頼んだところ、柳田が独断で小冊子として出版し、各方面の有力者に配布したものであった。

図5-3 『南方二書』
（南方熊楠顕彰館、田辺市）

熊楠の手による原本は長らく所在不明だったが、柳田の秘書的な役割を務めた鎌田久子によって二〇〇四年に発見され、南方熊楠邸保存顕彰会（現在の南方熊楠顕彰館）に寄贈された（図5－4）。冒頭部には、柳田からの印刷所への指示書が貼り付けられ、つづいて熊楠の直筆部分となる。柳田がいなければ、この文章が広く知られることも

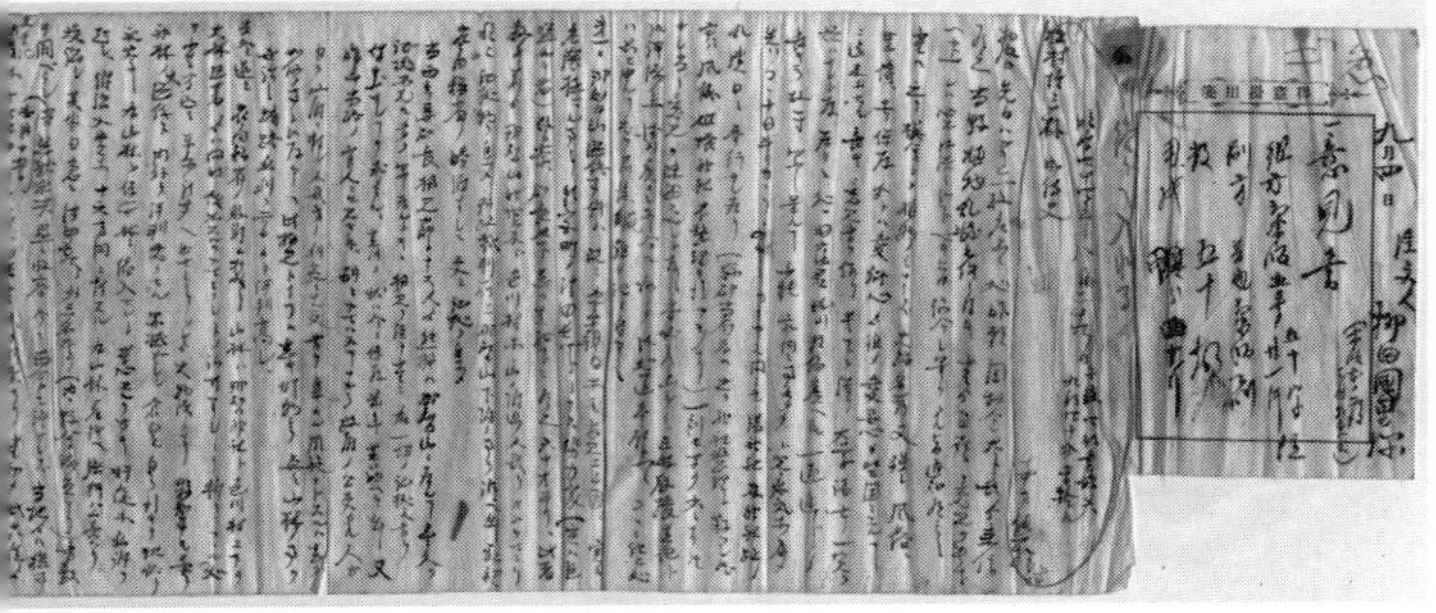

図5-4 『南方二書』の原本 （南方熊楠顕彰館、田辺市）

なかったわけで、『南方二書』は熊楠と柳田の「合作」と呼べるかもしれない。

『南方二書』では、那智の神林の開発計画を皮切りに、和歌山各地で進む神社合祀が批判されている。植物学者である松村を意識して書かれたため、植物名が次々とあげられ、それらがいかに貴重であり、いま危険にさらされているかが訴えられていく。そのなかで、これまで鎮守の森や神林として手つかずのまま残されてきた空間が失われる危険が指摘される。

田辺に近い上富田《かみとんだ》町にある八上《やかみ》王子、田中神社などについては、次のように書かれている。


これらの大社七つばかりを例の一村一社の制にもとづいて、松本神社といって大字岩田の役場の真向かいにある小社、もとは炭焼き男の庭のなかの鎮守祠であったものを炭焼き男の姓を採って松本神社と名づけたものへ合祀し、跡のシイノキ林を濫伐して村長、村吏らが私利を取ろうと計って、大字岡の七八戸ばかりのうち、村長の縁者二戸の他はことごとく不同意であるのにもかかわらず［……］

しかし、それを不満に思った村民が助けを求めてやってきたことで、熊楠は地元の新聞を通して反対の声を上げる。こうしたメディア戦略と、村人たちの抵抗により、八上王子の合祀はとりやめとなり、田中神社は合祀されたものの、木々の伐採は免れ、やがて復社、すなわちもとの場所に戻すことに成功した。熊楠の反対運動は、確実に効果を上げていったのである。

八上王子は熊野古道の九十九王子社のひとつに数えられる古社であった。田中神社は名前のとおり、水田のなかのこんもりとした社叢で、『南方二書』によれば「柳田国男氏が本邦風景の特風といった」場所であった（図5－5）。両社は現在も昔日の風景をとどめ、熊野古道をめぐる旅行者たちに人気の観光スポットとなっている。

ここで注目したいのは、熊楠が批判している理由が神社の木々の伐採にあった点である。八上王子のシイノキの林が切られてしまうのを、熊楠は気にかけていた。シイ

図5-5　田中神社。文字どおり、田の中にある

ノキは木材としても使われるが、「炭焼き男」とあるとおり、木炭にしたのかもしれない。紀州は炭の名産地として知られ、田辺市秋津川には紀州備長炭発見館という施設があるくらいだ。いずれにせよ、合祀を進めようとした側（しばしば村長や役人など）は、神社合祀を上から命じられて実施していただけではなく、木材の利用価値にも目を付けていたのである。

明治維新は大量の木材需要を生んだできごとであった。東京をはじめ各地で次々と建物がつくられ、あるいは鉄道の枕木、火力発電所の燃料、船の用材と大量の木々が使われていく。和歌山でも紀州藩が管理してきた山林が国有林となったことで、一八七七年に官行斫伐《しゃくばつ》事業が開始され、多数の木々が切られ、海路で東京へ運ばれていった。一九〇四年には高野山国有林に森林軌道が引かれ、一九〇八年には熊野の奥深くに安川製板所が開設される。一九一一年には富里和田川（現在の田辺市）や田辺の南の日置《ひき》に製板所ができた（土永知子らの研究による）。木材がお金になることが広く知られていったのである。もちろん神社がなくなった跡地にも、建物を建てたり、農地に転用したりとさまざまな「私利私益」の可能性があった。

熊楠が植物学者の白井光太郎に宛てた書簡（一九一二年二月九日付）に同封された原稿「神社合祀に関する意見」で、西牟婁郡川添村（現在の白浜町）で「一四社を滅却伐木して市鹿野の大字にある村社に合祀し、［……］実際神林を伐りつくし、神殿をつぶし、神田を売却して」と述べているとおりである。

熊楠は村人たちの心のよりどころとしての神社というだけでなく、神域に生えている植物が失われることにも憤っていたのである。

現在のエコロジーと熊楠のエコロジー

神社合祀といえば熊楠の名前があがるのが常で、二〇二一年には大学共通テストの

「倫理」に出題されたほどである。しかしもちろん、神社合祀に反対したのは熊楠だけではなかった。もっとも多かったのは神社がなくなってしまうのに抵抗した地元の氏子たちで、熊楠が「神社合祀に関する意見」で紹介している事例では、日高郡御坊町（現在の御坊市）で夷子《えびす》神社が合祀されたとき、怒った漁民たちが夏祭りの日に「市街戦」をくりひろげ、九人が入監したという。

ほかにも神主たち、とくに若手が活発に動いたことが知られている。また国会で反対意見を述べつづけた人物として、中村啓次郎があげられる。熊楠がロンドン時代に世話になった巽孝之丞（横浜正金銀行ロンドン支店の支配人）の弟で、衆議院議員を務めており、熊楠がブレーンとしてくわわっていた。しかし、神主たちの意見書や中村の演説を見ると、熊楠とは反対するポイントがあきらかに異なっている。中心となっているのは信仰の問題であり、神社が地域の結節点として機能している点なのである。鎮守の森や林を守れといった意見は見られず、エコロジー的な視点もない。これはある意味では当然といえ、むしろ熊楠が特異だったと考えるべきだろう。

エコロジーという言葉は、現在ではかなり広い意味で使われている。おおまかには、環境保全や自然保護といったところで、さらには「資源の節約」や「ゴミを出さない」

といったイメージで用いるひとも多いのではないか。

ただ、こうした意味で使われるようになったのは近年のことで、本来は「生態学」をさす学術用語だった。動物、植物、菌類、微生物などからなる自然環境全体を、複合的かつ総合的に観察する学問がエコロジーなのである。

一九世紀までの生物研究は、動物、植物、キノコなどをそれぞれの専門家が扱っていた。ところが、一八六六年にドイツのエルンスト・ヘッケルが、ギリシャ語で「家」を意味するオイコス oikos と、「学問」を意味するロゴス logos を合成してエコロギー Ökologie という造語をつくりだす。ある生物と別の生物たちとのあいだ、さらに周囲の環境との関係性を解き明かそうとするもので、これが英語に入ってエコロジーと呼ばれるようになる。

自然環境のなかでは、さまざまな生物がたがいに交渉しあい、緊密な関係をつくっている。ゆえに、ひとつでも欠けると、全体が壊れてしまう。たとえば、オオカミの場合がわかりやすいだろう。オオカミは強力な肉食動物であり、生態系の頂点に君臨している。その地域からオオカミが姿を消すと、鹿への捕食圧がなくなり、大繁殖する。そうすると大量の食物、すなわち草や樹皮が必要になる。やがて鹿が食べ尽くすことで、森林や草原が崩壊する。さらにはそれらの植物資源によっていた昆虫などもいなくなってしまう。このような相互の影響関係までふくめた視点をもつことが、エコロジー的な考え方なのである。熊楠はアメリカ時代にヘッケルを読んでいたことがわかっており、そののちも「ネイチャー」を通して最新の情報を入手していた。

熊楠は一九一一年八月からエコロジー（エコロギー）の語を使うようになり、書簡、新聞記事、草稿などに出てくる。たとえば、一九一二年二月の中村啓次郎宛て草稿で、「近来エコロギーといって、生物が天然にいろいろ群をなして生活する状態を研究する学がおおいに起こっています」と述べている。ヘッケルの生態学のそのままの用法であることがわかる。そして、欧米でいま新しく勃興しつつある生態学を日本でも研究するため、天然のままの森を残す必要があると主張するのである。ほかの用例も同様だ。

とすると、熊楠は本来の生態学の意味でエコロジーを使っているのであり、現代的な意味での「エコロジー」の先駆者と呼ぶのは、適切ではないのだろうか？

熊楠が研究者たちによって「エコロジーの先駆者」と呼ばれるようになったのは一九九〇年代後半のことで、じつはここには二重の意味が込められていた。熊楠には、たしかに生態学を日本に紹介した側面がある。これが第一である。しかし、熊楠は学問的な研究を進めたわけではなく、社会的な活動としてもエコロジーを実践した。森や木々を守ることこそが熊楠の目的であり、そのための方便として欧米の最先端の学問たるエコロジーを利用したのであった。その意味では、熊楠がやっていたのは、現在的な意味での「エコロジー」だったと位置づけられるのである。

日本で初めてエコロジーという言葉を使ったのが熊楠だとされることがあるが、これは誤りで、実際には熊楠と親しかった東大の植物学者の三好学が最初であった。いささか複雑なのだが、三好は一八九五年に著した『欧州植物学輓近《ばんきん》之進歩』で、植物学を植物生理学、植物形態学、植物分類学、植物生態学に分類した。これが日本での「生態学」の初出とされ、生態学という言葉も三好がつくったことになる。しかし、この著作では植物生態学にドイツ語のPflanzenbiologieがあてられ、エコロギー／エコロジーとは異なる。ところが、一九〇八年の『普通植物生態学』では、三好は「生態学Ecology」と記しており、この時点で生態学がエコロジーに対応されるようになったのである。

神社合祀に自然破壊を見出したこと

それにしても、神社合祀に反対するにあたってエコロジーという側面をもちだしたのは、不思議なことではないだろうか。神社がなくなるといって、まず問題になるのは信仰の場の喪失であり、ひとびとの結節点がなくなってしまうことだろう。合祀先の神社まで行くのは遠かったりするし、そこにはもとからの氏子たちがいる。新たに混ぜてもらうのは簡単なことではない。実際、合祀を契機としてキリスト教や新宗教に転向したひとたちも少なくなかった。和歌山にキリスト教の教会や信者が多いのは、かつて移民がさかんで、アメリカや南米へ多数のひとびとを送り出していたからだけではなく、神社合祀が激烈だったのも理由となっている。

『南方二書』では、熊楠の屋敷からも近い湊村（現在の田辺市）の磯間浦《いそまうら》にあった夷神社（図5－6）が合祀されてなくなってしまったため、「漁民たちは心のふるさとを失い、いやしい詐欺まがいのひとたちにだまされ、妖狐魑魅《ちみ》死霊等を拝する淫祠《いんし》を立て大はやり」と述べられている。前出の御坊の場合にも、「合祀のおこなわれた漁村では、いろいろな淫祀が代わりにおこなわれている」という。

このように神社合祀とは、本来は信仰の問題なのである。むしろ、熊楠のように神

図5-6　磯間浦夷神社　（南方熊楠顕彰館、田辺市）

社林に注目するのは例外的であった。すなわち、そこにこそ熊楠の天才があったといえる。神社が合祀されようとしたとき、いったいどこに問題を見出し、何を理由として反対を唱えるか。ひととは違った視点を熊楠は備えていたのである。

熊楠は信仰をもたなかったひととして知られる。日本の神や仏への崇敬の念はまったく見られないし、かといってキリスト教に帰依していたわけでもない。宗教や神を売りものとするような僧侶や神官に我慢がならず、妻の松枝が息子の熊弥が病気になったとき、敷地内によくわからない神を祀ろうとした際には、怒って叩き壊している。すなわち神社合祀に反対したのも、神をないがしろにすることを批判したわけではなかった。

熊楠は神社合祀をやめるべき理由として、「神社合祀に関する意見」で、

神社合祀は、第一に敬神思想を薄くし、第二、民の和融を妨げ、第三、地方の凋落をきたし、第四、人情風俗を害し、第五、愛郷心と愛国心を減じ、第六、治安、民利を損じ、第七、史蹟、古伝を亡ぼし、第八、学術上貴重な天然記念物を滅却す。

と、八点を列挙する。

熊楠が神社合祀のもたらす多様な害を、多角的に認識していたことがわかる。そのなかでもとくに神社の森や林に注目し、生態系という理由を立てたところに、現在でも熊楠を評価すべき理由がある。

それでは、熊楠はなぜこのような視点をもちえたのだろうか。

「希少なもの」と「ふつうのもの」

『南方二書』には、那智をはじめとする紀南の植物、菌類、藻類、動物が列挙され、それらが鎮守の森や神林によって古くから保全されてきたと訴えられている。書簡の相手が植物学者の松村だったため、多くは植物だが、そのほかの生物もちょこちょこ出ている。リュウビンタイ、ヒナノシャクジョウ、クマノチョウジゴケ、ルリトラノオ、ミヤマウズラ、ツルコウジ、タニワタリ、オガタマノキ、冬虫夏草、ヤマネ、ヤドカリ、サンショウウオ……。名前だけではどんな生物かわからないものも多いかもしれないが、ともかく多様な生物の分布が認識されているのである。

熊楠があげるなかには、たしかに世界的に貴重でめずらしい生物も多い。それらを守ろうというのは、自明のことで説明の必要もないだろう。ところが、それと同時に「ふつうのもの」「よくある種類」も並べているのが、熊楠の慧眼なのである。たとえば、オオカミを守ろうとしたら、その一種だけ保護しても、餌となる鹿がいなければ、やがて滅んでしまう。さらに鹿は草を食べなくては生きていけず、草は土がなければ育つことができない。すなわち、ふつうのものを守らなければ、特別で希少なものもなくなってしまう。熊楠は一九一〇年代という早い時期に、そのことに気づいていた。

『南方二書』では、紀南に生育する木々のホルトノキ、ミズキ、クマノミズキ、オガタマノキ、カラスノサンショウ「などは、何の用もなきもの」と述べている。木材には向かないし、美味しい実がなるわけでもなく、美しい花が咲いたりもしない。人間にとってまったく有用でない。そしてけっしてめずらしい種類でもない。そんな木々であっても意味があり、守らなければならないのだと論を展開していく。

のちの「新庄村合併について」（「牟婁新聞」一九三六年八月）でも、「この島［神島《かしま》］を天然記念物に申請したのも、この島に何たる珍草木あってのことにあらず」、そして「この島には一通り田辺湾地方の植物を保存しあるから、後日までも保存し続けて、むかしからこの辺固有の植物は大抵こんな物であったと知らせたいからのことである」と述べている。

ここで注目されるのは、守るべきものが、ひとつの植物とか特定の場所にかぎられていない点であろう。ある特別な種類を貴重だといって保護しようとするのではなく、さまざまな生物がともにある状態を、全体として保つことの重要性が示されている。木々も繁っていれば、きれいな花もあり、シダ植物も見られ、キノコも生え、動物たちも暮らしており、それらを支える土も見逃してはならない。それが熊楠の反対運動における特徴であり、主張であった。個々の存在だけではなく、全体として自然を捉える。それらが組み合わさることで、全体も個々のものも生きていられる。何かが欠けたら、たちまち崩れ去ってしまい、なかなか復元できない。生態学は当時の新しい学問分野だったが、それを熊楠は完全に理解して、みずからの運動にとりいれていた。そしてさらに学問から実践へと進んでいた。これこそが熊楠が「エコロジーの先駆者」といわれるゆえんなのだ。

「神社合祀に関する意見」では、「無用のことのようで、風景ほど実にひとの世のなかに有用なものは少ないと知るべきである」としている。「風景」という言葉は、現在では「環境」といいかえていいだろう。

一九二三年に執筆された「鼠に関する民俗と信念」の原稿でも、「世界にまるで不用の物なし」として、「多くのキノコやカビは、まことにせっかくひとが骨折ってこしらえたものを腐らせ、悪くさせることははなはだしいが、これらがまったくないとものが腐らず、世界が死んだものでふさがって二進《にっち》も三進《さっち》もならない。そこに発酵・変化・分解・融通させることで、一方では多く新たに発生するものに養分を供給するから、実際には一日もなくてはならぬものだ」としている。

現在のような環境保護の意味でのエコロジーの用法は、一九六〇年代以降に『沈黙の春』(一九六二年)で知られるレイチェル・カーソンらによって広められたとされる。しかし、熊楠はその五〇年も前に、同じような考えに行き着き、なおかつ社会運動として実践していたことになる。

身近なものを守る

ただし、熊楠の神社合祀反対運動には高邁な思想があったとか、自然保護を地球規模で推し進めていこうという熱情が存在していたとは思えない。むしろ熊楠の反対運動は、ごく個人的な関心、立場、理由によるものだったのではないだろうか。アオウツボホコリを発見した糸田神社のように、自分のよく知っている場所、日常的に研究に使っているところ、みずからの関わりのある神社がなくなってしまうのを、なんとかして押しとどめたい。すなわち、身近なものを守るというのが、熊楠の根底にある意識だったのではないか。それこそが、熊楠における自然保護であったといえる。

こうした視点を熊楠がもちえたのは、変形菌やキノコ、シダ植物といった隠花植物を専門としていたからであろう。また特定の分野、たとえば動物学のみとか、地質学だけに特化した研究をしていたら、このような総合的な発想は出てこなかったのではないか。牧野富太郎とは神社合祀反対運動の前後で交流があり、『南方二書』も送っているが、牧野が神社合祀に反対したという話は聞かない。牧野は主として高等植物（被子植物、裸子植物）とシダ植物を扱い、植物以外の分野には手を出さなかった。それが熊楠と牧野を分けたポイントだったのかもしれない。

熊楠の反対運動は、そのエコロジー的思想が一定の説得力をもったこともあり、各地で合祀を中止させ、鎮守の森の伐採を止めさせることとなった。神社合祀に反対するひとびとが熊楠を頼ってくると、神社の由緒や歴史を調べて教えたり、実際に現地に足を運んで伐採による不利益を説いたりもした。

熊楠の活動によって、那智の滝に近い神林は保安林に指定されて守られていくことになったし、田辺湾の神島は一九一二年五月に県の魚付保安林、一九三〇年に県の天然記念物、そして一九三五年には国の天然記念物に指定される。高原熊野神社では、役人たちが神社の木々を伐りたいとやってきたとき、それを認めるはんこを押せというのを、酒を飲ませて接待し、ついに期限切れまで粘って伐採させなかった。このとき村人たちに知恵を付けたのが熊楠だといわれている。近野の継桜《つぎざくら》王子でも、野中の一方杉と呼ばれる八本を残せたのは、熊楠の尽力あってのことだった。田中神社の社叢は和歌山県の天然記念物の第一号に選ばれた。これらは現在では熊野古道に欠かせない「名所」となっており、二〇〇四年に「紀伊山地の霊場と参詣道」が世界遺産（文化遺産）に登録され、国内外から多数の観光客を集めているのは、熊楠のおかげなのである。

ところが、熊楠は一九一三年に神社合祀反対運動から手を引き、以後はエコロジーという言葉も使わなくなってしまう。そこには、大山神社での失敗があった。

大山神社の合祀

一九〇九年の秋、大山神社（図5－7）が同じ矢田村（現在の日高川町）の土生《はぶ》八幡神社に合祀される話がもちあがる。そのことを熊楠に知らせて助けを求めたのが、古田幸吉であった。古田は一八七九年生まれだから、熊楠より一二歳年下の従弟にあたる。一時は矢田村を離れて和歌山市に出ていたが、兄の渡米により、実家を継ぐため故郷に帰った。古田家のひとびとは熊楠に好意的で、熊楠がロンドンから失意のうちに帰国し、実家であてどなく暮らしていたときも、叔父の古田善兵衛だけは「小生を侮蔑」

図5-7　大山神社（南方熊楠顕彰館、田辺市）

しなかった（一九二九年五月一五日付、古田幸吉宛書簡）。そのため熊楠も敬愛の念を抱いており、幸吉とも近密な関係を保っていたようだ。

南方熊楠顕彰館には古田からの来簡が四九通、古田家には熊楠からの書簡が約八〇通残っている。頻繁なやりとりからわかるとおり、熊楠が神社合祀反対運動でもっとも力を注いだのが大山神社であった。

きっかけは、一九〇九年一二月三日に熊楠が古田へ送った手紙であった。熊楠は矢田村をふくむ日高郡での合祀の状況を教えてくれるように頼み、神社林の材木の値段や、ひとびとが濫伐を喜んでいるのかと質問している。これに対して古田から五日付の返事で、大山神社が合祀の対象となっていることを知らされたのであった。熊楠はすぐさま返信をしたためるが、わりあいと楽観的で、大山神社は式内社と伝わっているから大丈夫だろうなどと述べている。式内社とは、『延喜式』（九二七年）に名前の出ている古社のことで、ぬきんでて歴史ある神社として重要視されていた。つづく一二月一一日付の書簡でも、神社合祀に反対するものが多く、慶應義塾の鎌田栄吉塾長なども自分が書いた抗議文に賛同してくれていると記す。

古田は熊楠から相談に来るようにうながされ、一九一〇年一月一八日に田辺を訪れている。熊楠は大山神社の現状を写真に撮っておくように命じ、その後も古田に役人との交渉や、村内での調査などさまざまな指示を与えつづけた。熊楠のほうでは「大阪毎日新聞」や「牟婁新報」などに抗議文を寄せ、有力な知人に頼んで県庁に圧力をかけようともした。

二人の往復書簡を読んでいると、熊楠は大山神社がほぼ確実に存置できると考えていたようだが、古田の方は悲観的で、窮状を訴える内容がつづく。そのためしばしば食い違いが生じ、次第に二人は亀裂を深めていく。現在、わたしも「古田書簡の会」という二人の往復書簡を翻刻する研究会に参加しているが、熊楠の要求や言い分に古

英文でも邦文でも無数の論考を記したことから、熊楠は人類史上もっとも字を書いたのでは、といわれるのである。

田辺抜書の世界

ここからは、近年になって研究が進みつつある田辺抜書をとりあげたい。熊楠が田辺抜書をスタートさせたのは、田辺に定住を始めてから数年たった一九〇七年二月であった。田辺抜書は、和紙でつくった縦書きの罫紙を二つ折りにして、一〇〇丁ないし二〇〇丁に綴じたノートを用いている。罫線と罫線のあいだは、一行として使うのがふつうだと思うが、熊楠はそこに二行ずつ書く。なんという倹約精神！　しかし、後世の研究者にとっては読みにくいことこのうえない。

第一冊は、楊慎の『丹鉛総録』から始まる。楊慎は中国の明代中期の学者で、科挙を首席で合格したが、のちに皇帝に意見したのをとがめられて雲南に流され、在野の知識人として生きた。これを熊楠が自身と重ねていたのでは、と思いたくもなるが、いまのところは根拠が見つかっていない。『丹鉛総録』は、天文や地理を中心にさまざまな故事や蘊蓄を集めたもので、一種の百科事典に近い。

それから『古事談』『今昔物語集』『王充論衡』など、漢籍と日本の古典を織り交ぜながら写していくが、これらは妻の実家の闘雞《とうけい》神社（田辺市）に所蔵されていたのを借りている。熊楠は一九〇六年に、和歌山中学時代の旧友である喜多幅武三郎の紹介で、闘雞神社の宮司であった田村宗造の四女・松枝と結婚した。闘雞神社は紀南きっての古社で、ちょっと不思議な社名の由来は、一二世紀に熊野別当を務めた湛増《たんぞう》が、源平のどちらにつくか迷ったとき、本殿の前で赤と白の鶏を闘わせて神意を占ったことによる。湛増は弁慶の父ともされ、熊楠は英文論考でも、妻の実家が弁慶に連なる家柄だと誇らしげに語っている。闘雞神社には、もともと伝わった古書にくわえ、田辺藩の藩校に由来する蔵書もあり、結婚による縁ができたことで使えるようになったのだった。

田辺抜書については、二〇一三年に田辺抜書の会（通称、たぬきの会）が結成され、解読と研究にあたってきた。わたしも当初より一員としてくわわり、闘雞神社の書庫の調査にも参加した。そろそろデータをまとめる時期に入っており、あと少しで田辺抜書の全貌が見えるところまで迫っている。

闘雞神社のあとは、田辺町内の法輪寺《ほうれんじ》の大蔵経（全一九五五冊、漢訳仏典をひとまとめにしたもの)、近隣の図書館や蔵書家から借りてきた書物を写した。購入の難しい本、希少な書物、手書き文書がめだち、簡単には見られない本を複製して自分の手元に置いておくのが、田辺抜書の目的だったと考えられる。最後の第六一冊は一九三四年に作成され、『熊野巡覧記』『熊野本宮御鎮座本記』『葬頭河《そうずか》温婆之《おんばの》縁起《えんぎ》』といった紀南の寺社にまつわる文書を扱っている。

このように一九〇七年から三四年まで、二七年もかけて作成されたのが田辺抜書であった。気が遠くなるほどの作業である。いまならコピー機を使ったり、スキャナーを使ったりして、あっという間にすむ作業なのに……。まあ、往々にして、簡単に入手できたものは、そのあとまったく使わなかったり、内容もすっかり忘れてしまったりするのだが。

これだけの時間と労力をかけて写したのだから、さまざまな場面でアウトプットしているのではないかと思うだろう。ところが、熊楠は抜書したものをほとんど使っていないのである。ほとんどというのはいいすぎかも知れないが、論考や書簡に用いたのは、写したうちの数パーセントにもならないのではないか。もったいない、と思ってしまう。同時に、それならなぜ莫大な時間を費やして抜書したのだろうかと疑問にも感じる。

「彗星夢雑誌」

熊楠が田辺抜書のなかでも、とくに熱心にとりくんだ文献に「彗星夢雑誌《すいせいゆめぞうし》（彗星夢物語）」がある。一九一六年の第四三冊からスタートし、しばらく間が開いたりしながら、一九二五年の第五七冊までかけて、全体の九五パーセントくらいを写している。

「彗星夢雑誌」は、熊楠の親しい友人であった羽山繁太郎、蕃次郎《はんじろう》兄弟の家に伝わった手書きの文書集で、二人の祖父にあたる羽山維碩《いせき》（大学、大岳）が作成した。羽山維碩は一八〇八年、田辺の少し北にある印南《いなみ》郡原村（現在の印南町）に生まれ、京で医学を学び、現在の御坊市北塩屋浦で開業した。蘭方医として種痘の普及に尽力したことで知られる。

「彗星夢雑誌」は全三八編、計一一五冊と総目録からなる（ただし、八巻中・下巻が欠。熊楠が写したとき、すでに失われていた）。幕末維新期に国内を飛び交った情報をまとめた文書で、一八五三年七月から一八六九年初頭までの一七年におよぶ記録だ。菊池海荘《かいそう》、瀬見善水《せみよしお》、由良守応《ゆらもりまさ》、浜口梧陵ら紀州の商人、知識人らのあいだで交わされた書簡を書写し、手控えとしてある。彼らはそれぞれが江戸や京・大坂とのつながりを生かして、中央政局の推移、各地の状況、海外事情などを収集、交換しており、書信、風説、見聞、一枚刷、新聞、「太政官日誌」などからの抜き書きが交ざっている。内容は、勤王志士への弾圧、頻発する暗殺事件、外国船の出入り、諸外国との交渉、将軍・諸侯・公卿の動き、暴動や戦争など雑録的な性格が強く、いわゆる風説留《ふうせつどめ》（幕末維新期に民間で情報を書き留めた記録集）と位置づけられる。

「彗星夢雑誌」のタイトルは、一八五三年七月中旬にクリンカーヒューズ彗星が出現したのにちなんでおり、冒頭近くにその図が載せられ、「七月中旬頃から、黄昏西下刻から西北戌亥のあたりに四五尺の長さの帚星があらわれた」とある（ただし、熊楠はこの図を書写していない。きれいに描けなかったからだという）。ただこれは彗星にことよせたもので、実際に作成が始まった理由は、七月八日のペリーの浦賀来航であった。異国船による開国要求という大きな事件によって、民間でも広く情報収集の必要が意識されるようになり、各地で風説留がつくられたのである。

熊楠が初めて「彗星夢雑誌」を目にしたのは一八八六年四月。予備門中退後、和歌山の実家に戻っていた熊楠のもとへ、羽山繁太郎から遊びに来るよう誘われた際のことであった。熊楠は四月一一日に羽山家に到着し、白浜などへも足を伸ばしたりしながら、三〇日まで逗留する。そして「彗星夢雑誌」を見せてもらい、ごく一部ではあるが、書写もしている。

すなわち「彗星夢雑誌」は熊楠が渡米前という早い時期に出会った資料であり、なおかつ地元紀州の歴史と強く結びつき、さらには羽山兄弟という重要な友人とも関わるものだった。のちに「彗星夢雑誌」を借り受けての書写中には、羽山家を継いでいた羽山芳樹（羽山兄弟の四男）に宛てて、「小生は尊兄二方とすこぶる懇意だったので、いまもひとのいない部屋で読書などいたすうち、ふと二方の姿を目前に見、対話、談笑するごとく覚えること、毎《つね》のことなのです」（一九一六年九月二八日付）と伝えている。

こうした「幽霊」の出現については、以前に扱ったことがある（『熊楠と幽霊』二〇二一年）が、それが真実であったかはともかく、「彗星夢雑誌」が熊楠にとって特別な意味をもつ資料だったのはまちがいない。

「彗星夢雑誌」との運命的な再会

本格的に「彗星夢雑誌」と関わるようになったのは田辺定住後で、羽山季《すえ》との再会によるものであった。羽山兄弟の末の妹にあたる季はキリスト教の信仰にめざめ、田辺の女性宣教師ジュリア・レヴィットのもとで暮らしていた。一九一三年七日一二日、熊楠の妻の松枝が娘の文枝を連れて、熊楠のために牛肉を買いに行ったところ、帰りに若い女性が追いかけてきて煎餅をくれた。名を尋ねたところ、季とわかって熊楠との交流が始まる。

このときすでに羽山繁太郎と蕃次郎は亡くなっており、四男の芳樹が当主となっていた。そして、「それよりその第四男（芳樹）に文通して、旧家のことゆえいろいろと珍籍を蔵すること少なからぬゆえ、それを借り受け、写しなどする」（一九三一年八月二〇日付、岩田準一宛書簡）と、「彗星夢雑誌」を貸してもらうことになった。

実際に熊楠のもとに「彗星夢雑誌」が届いたのは一九一六年五月一二日で、この日の日記に「羽山芳樹小包一（同氏祖父の手記冊）受信」とある。八月七日に序文を写しはじめた（図6－2）ものの、「彗星夢雑誌」のみに集中していたわけではなく、『大清一統志』『閑田耕筆《かんでんこうひつ》』『小夜時雨《さよしぐれ》』などと同時進行していったようだ。このようにいくつかの書物を並行して写すのが、熊楠の方法だった。たしかに、延々と同じ本に向き合っていたら、さすがの熊楠も飽きてしまうだろう。

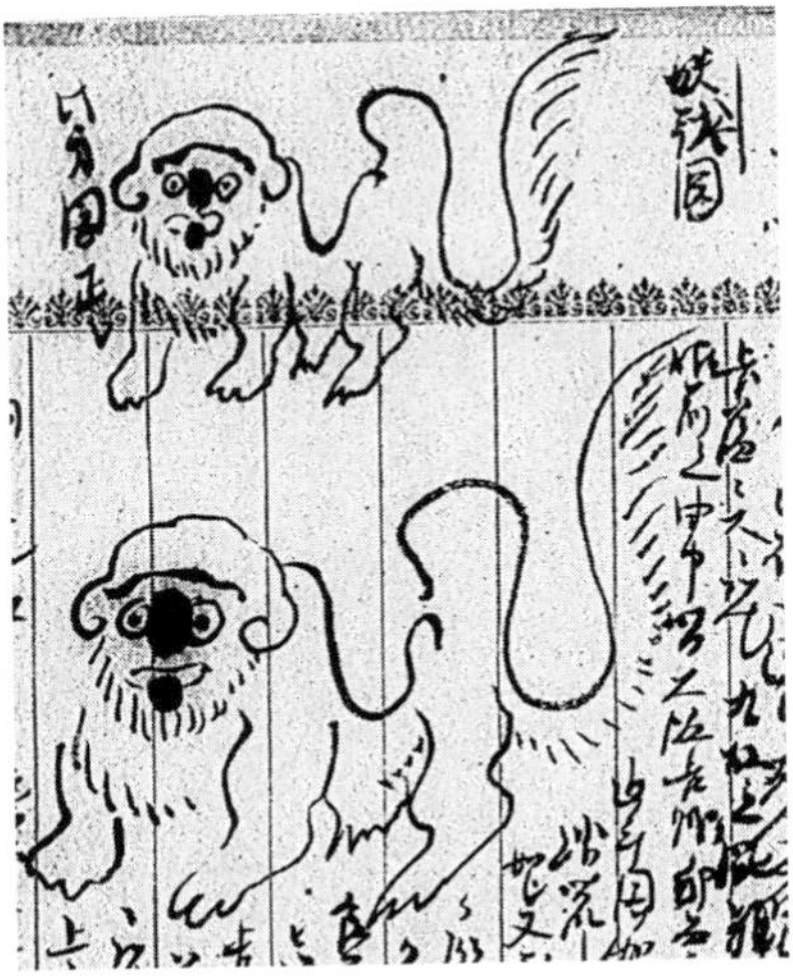

図6-2　田辺抜書の第50冊で、「彗星夢雑誌」から熊楠が書き写した「妖獣図」
（南方熊楠顕彰館、田辺市）

一九一八年八月ごろには三五編上巻まで写し終わり、三編あまりを残すのみとなった。ところが、ここで熊楠は意欲を失ってしまい、三五編中巻に進むのは、約七年後の一九二五年六月二五日となる。大きく期間が空いてしまったのは、このころになると幕末維新期の資料があちこちで公刊され、「彗星夢雑誌」と内容的に重複するケースも多かったため、「彗星夢雑誌」の価値が低減してしまったのではないかと考えられる。

一九二五年ごろ、羽山家で京都の大学への売却話が持ち上がったことで、焦った熊楠は書写を再開するものの、その話が流れてしまったのもあり、結局、最後まで写すことはなかった。一九二九年三月一三日付の山田栄太郎宛の書簡でも、「三八編二冊

郵便はがき

料金受取人払郵便

小石川局承認

1107

差出有効期間
2024年7月9
日まで

112-8731

東京都文京区音羽二丁目
十二番二十一号

講談社 学芸部

現代新書 行

愛読者カード

あなたと現代新書を結ぶ通信欄として活用していきたいと存じます。ご記入のうえご投函くださいますようお願いいたします。

ご住所《フリガナ》　〒□□□-□□□□

お名前《フリガナ》

生年（年齢）

（　　歳）

電話番号

性別　1 男性　2 女性

メールアドレス

ご職業

★**現代新書**の解説目録を用意しております。ご希望の方に進呈いたします（送料無料）。

1 希望する　　2 希望しない

TY 000043-2205

この本の タイトル	

本書をどこでお知りになりましたか。

1 新聞広告で　2 雑誌広告で　3 書評で　4 実物を見て　5 人にすすめられて
6 新書目録で　7 車内広告で　8 ネット検索で　9 その他（　　　　　　　　　）
＊お買い上げ書店名（　　　　　　　　　　　　　　　　　　　　　　　　　　）

本書、または現代新書についてのご意見、ご感想をお聞かせください。

最近お読みになっておもしろかった本（特に新書）をお教えください。

どんな分野の本をお読みになりたいか、お聞かせください。

だけのこりおり、これはそのうち写しとりましたうえで、羽山氏へ還《かえ》そうと思っています」と、あまり進んでいない。

実際に田辺抜書の第五七冊を確認すると、「彗星夢雑誌　大正十四年七月八日写したる」と五〇ページ強にわたって書写したのち、「第三十八編中之巻」の文字を最後に終わっている。次の行からは隙間なく『末摘花《すえつむはな》』が始まっており、「(大正十五年五月八日)」とメモがある。以後、筆写が再開されることはなかった。

「彗星夢雑誌」を論考に使わなかった熊楠

熊楠は「彗星夢雑誌」にのめりこみつつも、論考、すなわちアウトプットにはほとんど使っていない。一九一六年九月二八日付の羽山芳樹宛書簡では、「総目録によるに、小生毎度出す論文などに入用《いりよう》の箇条もはなはだ多くあり」と述べているにもかかわらず、であった。熊楠が「彗星夢雑誌」を資料に用いて論考を執筆した例は、以下の二点が確認されるのみなのである。

・「本邦に於ける米国船員の逃亡」「日本及日本人」六九五号、一九一六年一二月

・「性画の流出入」「彗星」一年六号、一九二六年八月

「本邦に於ける米国船員の逃亡」では、タイトルのような事件はけっして珍しくなく、早くも一八五四年に発生した例が「彗星夢雑誌」の江戸紀州侯御屋敷の大浜詰池田甚三郎から紀州の吉野屋民蔵に宛てた書簡に出ているとする。伊豆の戸田へ寄港したアメリカ船から一〇人もの乗組員がいなくなり、やがて捕縛されて取り調べとなった。するとと、安政の大地震にともなう津波でロシアのプチャーチンのディアナ号が大破したため、難に遭った船員たちをアメリカ船に乗せて帰国の便としようとした。そこにロシアの敵国であるフランス船があらわれたので、おそれて逃亡した、ということであった。

「性画の流出入」では、「紀州日高郡塩屋村の医者羽山維碩の『彗星夢物語』八編上は、文久元年の手記に係り、清国人羅森の『続日本日記』を収む」と書き始め、下田の開港当時の記録によれば、当時は女性が「婬画」を眺めることが珍しくなかったと「彗星夢雑誌」から引かれている。そのあとは自身がアメリカやロンドンで見聞きした事例を紹介し、アーサー・モリスン宅へ招かれたときに、鎖国時代に日本の性画がオラ

ンダを経由してヨーロッパに入ったと教えられたと述べている。

熊楠が「彗星夢雑誌」を論考に使わなかったのは、書写を始めた当初は資料としての有用性に期待していたものの、実際に書き写していったところ、熊楠の守備範囲とあまり重なっていなかったからではないか。「彗星夢雑誌」は政治や戦争の記事が中心であり、熊楠の求めるような民俗・逸話的な内容には乏しかった。また情報の範囲は全国規模であり、紀州に特化しているわけでもない。なおかつ、熊楠の書写中に幕末維新期の資料の掘り起こしが進み、「彗星夢雑誌」に似た文書が次々と出版されていく。それらが熊楠の「彗星夢雑誌」への熱意を失わせ、中途で筆写を停止する結果となったのだろう。それにしても、ずいぶん時間をかけてとりくんだのだから、もう少し論考に使ってもいいのでは、と思ってしまうのは、わたしの貧乏性だろうか。

しかし、これは熊楠がアウトプット、すなわち論考執筆を目的に抜書していたのではないことを示している。現代的な学問にどっぷり浸かってしまった人間からすると、学問をする目的は、論文や著書として結実させて、大学のポストを得たり、学内で昇進したりすることにあると考えてしまいがちだ。それは、大学から給料をもらって生活を成り立たせることとイコールでもある。もちろん、学問の楽しさや社会的意義という側面もあるが、現実問題としてそれだけではやっていられないのが、いまの研究者の世界である。その点、熊楠は知的好奇心や、若き日の友情のために「彗星夢雑誌」を扱っている。率直にいって、うらやましいと思う。

抜書のもたらした指の疼痛

熊楠の資料を扱うにあたって最大の障壁になるのが、字の読みにくさである。ていねいに書かれていないうえに、やたらと字が小さく、びっしりと詰まっていて、熊楠に興味をもった「新人」がやってきても、字を見てあきらめてしまうことがある。その原点には抜書があると思われる。留学時代に本格的に始められたものだから、ノートやペンが貴重で、しかも持ち運びや保存を考えると、できるだけ小さくびっしり書いたほうがいい。そして毎日のように抜書するなかで、なんでも細かく書く癖が付いてしまったのだろう。

さらにくわえて、帰国後の抜書や日記や書簡は、基本的にどれも墨と筆で書かれているのが大きな問題だ（イギリスに投稿する英文論考のみは、ペンで執筆されている）。癖が強いうえに、つぶれていたり、かすれていたりで、きちんと読めるまでに数年の「修行」が必要となる。

筆と墨にこだわったことに関して、わたしはひとつの仮説を立てている。ロンドン抜書はペンとインクで記されており、実物を確認すると筆圧の強いほうだったことがわかる。つまり、毎日、大量に書き写すことで指を痛めてしまい、帰国後は指への負担の少ない筆と墨に切り替えたのではないか。ペンでガリガリ書くよりも、筆のほうがずっと手に優しい。

それでも筆写をつづけていれば、不調は積み重なっていき、晩年の熊楠はしばしば指の痛みを訴えている。わたしが扱った資料のなかでは、平岩米吉という人物への書簡で指の「疼痛《とうつう》」にふれられている。平岩は雑誌「動物文学」の主幹を務め、日本犬保存会で活躍した愛犬家であった。ニホンオオカミの絶滅についての調査でも知られ、東京の自宅にはなんと大陸産のオオカミを飼っていた（拙著『日本犬の誕生――純血と選別の日本近代史』二〇一七年）。

平岩は、熊楠が紀伊山地で目撃したというオオカミについて問い合わせた。現在の定説では、ニホンオオカミは一九〇五年に奈良県で見つかったものを最後に絶滅したと考えられている。しかし、熊楠はそれ以降も目撃証言があると述べており、関心をもった平岩が連絡をよこしたのであった。オオカミの絶滅に関しては、拙著の『日本犬の誕生』や『絶滅したオオカミの物語――イギリス・アイルランド・日本』（渡辺洋子と共著、二〇二二年）で詳しく扱ったので、ここではくりかえさないが、平岩は熊楠からの書簡を「狼話に関する書翰」（「動物文学」一八巻一号、一九五二年）として紹介しており、そのなかに指の痛みのことが出てくる。

「狼話に関する書翰」の「其三（一九三六年二月一四日付）」では、このように語られている。

狼の糞は犬狸狐等の糞とはすべて別物でして、その形を一見すればわかります。明治十二年頃までは当県にも深山にてしばしば見受けました。老功の猟師たちから、小生は習いました。小生、昨年一一月末来、瘭疽《ひょうそ》にて、筆を執ると指骨関節が蜂に螫《ささ》るる如く疼《うず》くゆえ、右だけお答え申し上げます。

指の痛みを、蜂に刺されたようだと表現している。想像するだけでも恐ろしい。原因は瘭疽と書かれ、感染によって指先に炎症を起こすものだが、晩年にはほかの機会にもよく指の痛みを訴えており、やはりあまりに文字を書きすぎたせいではないかと思われる。

現代では文章を書くのに、キーボードを打つだけでよくなっている。指への負担も少ないし、なにより文字が読みやすい。よい時代になったものだ。書き手にとっても、読むほうにとっても。

なお、右のものの前年の書簡である「其二（一九三五年九月二〇日付）」では、

一八日出の貴翰をただいま拝見しました。お問い合わせの白毛の狼のことは、［……］いったい狼というもの、明治四十三年まで、この西牟婁郡の一部の深山に生きていたことは小生みずからよく知っておりますが、近年は一向に見聞せず、ようやく二匹だけ大和国境の山中に住むということを、五年前、毎度そのあたりに往復する木挽き業の人より聞きおよびましたが、現時のことは分かりません。白毛のものなどはなかなか手に入らぬことと存じます。小生、ただいま眼がはなはだ悪く、これ以上筆をとるとまったく見えなくなるゆえ、右だけながら簡単にお答え申し上げます。

と目も悪くなっていると訴えている。晩年の日記を見ると、一日に十数回も目薬をさしていたようだ。老齢によるものではあるだろうが、現代のような照明設備のない薄暗い図書館や自宅で夜遅くまで書写に励めば、こうなってしまうのも無理はない。わたしもくれぐれも気をつけたい。

第七章　英文論考と熊楠のプライド
——佐藤彦四郎というライバル

一度も定職に就かなかった熊楠

熊楠は、一生を通して一度も定職に就かなかった。帰国してしばらくたった一九〇二年三月一六日、ロンドン時代に交流のあった土宜法龍から、真言宗高等中学林（現在の種智院《しゅちいん》大学）へ教授として招聘したいと打診を受けたが、翌一七日付の法龍宛書簡で「一身上の都合」として謝絶してしまう。この書簡には、早稲田大学からも誘われたが、断ったと書かれている。弟の常楠が同校の出身で、大隈重信と交流があったことからと伝わるが、どこまで本当だったかは不明である。熊楠が大学からの誘いに乗らなかった理由はよくわかっていないが、大学や教授といったものへの反発、ひと付き合いが苦手だったこと、自然科学の研究に集中したいという希望などによるのではないかと考えられている。結果として、生活や業績目的の研究に携わらなくてすんだのは、熊楠の英断といえるだろう。

熊楠は、帰国後はもっぱら和歌山県内に暮らした。県外へ出たのは、一九二二年に南方植物学研究所を設立する資金集めに東京へ出たのと（ただし、開設には失敗する）、一九二八年に息子の熊弥が京都の病院に入院した際、手続きに行ったときくらいである。

ロンドン時代から引きこもり傾向は見られたが、ロンドンは大都会であり、図書館や博物館もそろっていて学問をするのに不便はなかった。しかし、帰国後に東京や京都を選ばなかったのは、謎のひとつである。

和歌山で熊楠が充足できたのには、二つの要因があったからだと考えられる。第一は生物研究のフィールドに困らなかったことだ。山へ行けば植物、菌類、変形菌、シダ植物がいくらでも生えており、海では貝、魚、ウミヘビなどがとれた。そして第二が、郵便制度を用いることで海外に英文論考や生物標本を自由に送れ、不便なく交流できたからであった。

熊楠の研究活動を語る際に、郵便制度の問題は見落とせない。「N＆Q」は一八四九年、「ネイチャー」は一八六九年の創刊で、これ以外にも一九世紀中葉のイギリスでは無数の雑誌が発刊された。これらの雑誌の前提となったのは、一八四〇年のローランド・ヒルによる普通郵便制度の開始であった。切手による前払い制、安価な均一料金、全国規模での郵便網整備により、雑誌を各地の購読者に届けることができ、同時に投稿者からの原稿が安価・迅速・確実に編集部へもたらされるようになった。のちに熊楠が日本から投稿できたのも、一八七四年に万国郵便連合が成立して国際郵便網が整備され、一八七七年に日本も加盟していた恩恵によった。郵便制度が整えられていたことで、熊楠は世界とつながっていられたのである（詳細は拙著『南方熊楠のロンドン——国際学術雑誌と近代科学の進歩』二〇二〇年）。

原稿料と印税

熊楠は就職しなかったが、かといって原稿料や印税で潤っていたわけでもない。「ネイチャー」に五一篇、「N&Q」（図7-1）に三二四篇という膨大な数の英文論考を発表したが、それでは一銭ももらえていない。むしろ定期購読料や、原稿を送る際の郵送費がかかった。

では、なぜ英文論考の執筆に熱心だったのかといえば、やはりプライドの要素が大きかったのだろう。神話学者の高木敏雄が柳田国男と共同で、「郷土研究」（図7-2）という民俗学の雑誌をつくろうとしたときには、

欧米各国みなフォークロアの協会があります。英国にはG・L・ゴンムがもっともこのことに尽力し［……］わが国にも何とかフォークロア会の設立ありたいも

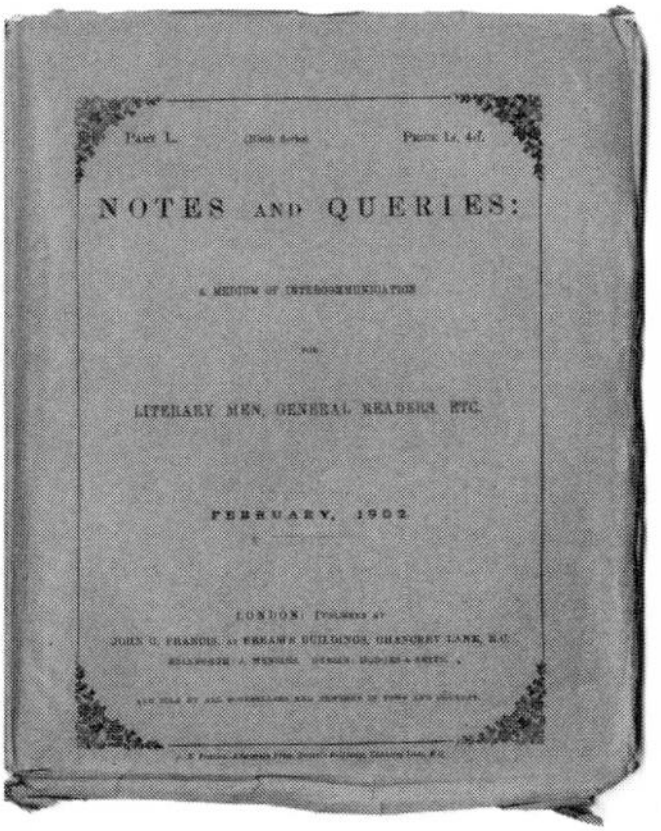

図7-1　「N＆Q」
（南方熊楠顕彰館、田辺市）

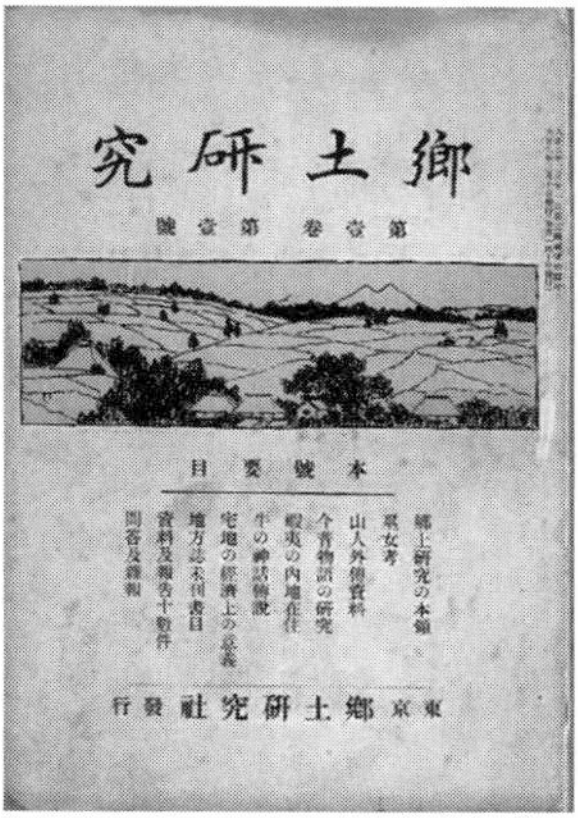

図7-2　「郷土研究」創刊号
（南方熊楠顕彰館、田辺市）

のです。また雑誌御発行ならば、英国の「ノーツ・アンド・クエリーズ」（『エンサイクロペディア・ブリタニカ』に評して、もっとも古くつづく雑誌の随一とされています〔……〕。小生はキリスト教の「さまよえるユダヤ人」が仏教の賓頭盧《びんずる》が形を変えて伝わったものではないかとの説を出してより、特別寄書家として百余篇の論文を出しています）ごときものとし、文学、考古学、里俗学の範囲において、各人の随筆と問と答を精選して出すこととしたら、はなはだ面白かるべしと思います。世界に有名の雑誌なれば、東京図書館にも一本はあるでしょうと、一九一一年六月一二日付の書簡で助言している。アドバイスのように見えるが、自分が「N&Q」でいかに重要な存在であるかの自慢にもなっている。

そのうち商業誌に書くようになると、熊楠も若干の収入を得ていく。詳細は不明だが、総合誌の「太陽」（平凡社の「太陽」とは別のもの）は稿料がよかったようだ。大正期から昭和前期にかけて、日本最大の出版社であった博文館が手がけ、「一家に一冊」をめざし、最盛期には二〇万部を超える発行部数を誇った。とはいえ、それで家族を養えるほどのものではない。

熊楠は生前に三冊しか著書を出していない。『南方閑話』『南方随筆』『続南方随筆』で、すべて同じ年（一九二六年）に発行している。息子の熊弥の病気で、急にお金を稼ぐ必要が生じ、それまでに発表してきた文章をまとめたのである。しかし、出版界の事情にうとかった熊楠は不利な契約を結んでしまい、売れ行きはよかったものの、著者に渡された金額はわずかなものであった。

そのため、田辺時代の前半は生活に困った。実家を継いだ弟の常楠にほぼかかりっきりで、しかもその援助には波があり、苦しいときは郵便代にも事欠いた。やがて後半生には、小畔四郎や平沼大三郎といった「弟子」たちがつき、パトロンとなることで熊楠を支えていく。

生活は苦しい。英文での論考の執筆には労力がひどくかかる。それでも、熊楠が「ネイチャー」や「N&Q」に書くことを止めなかったのは、世界的に活躍しているという自負があり、実際に欧米の学者たちのあいだでも、熊楠の名が広く認められていたからにちがいない。

「ネイチャー」への最後の投稿

熊楠はロンドン時代に始めた「ネイチャー」と「N&Q」への投稿を帰国後もつづけるが、次第に「N&Q」が主戦場となっていき、「ネイチャー」には一九一四年一月一五日号に出た「古代の開頭手術」が最後となる。古代ギリシャとインドで開頭手術がおこなわれていたことを、ヒポクラテスと、ピエール・ソヌラの『インド・中国旅行記』から例示するものであった。

熊楠が「ネイチャー」を離れたのは、誌面が急速に自然科学系の専門的な内容に変化しつつあったことによる。古典文献からの引用が中心で、自身の観察、実験、データ、理論の少ない熊楠の投稿は場違いになりつつあった。また大学に自然科学系や工学系の学部が増え、専門の研究者の数が激増していた。彼らの投稿によって、アマチュアである熊楠は次第に押し出されていったのである。

いっぽうで「N&Q」は、まだしばらくは一九世紀的な雰囲気を保ち、多様な切り口の論考が許された。さきほど熊楠が「N&Q」に熱心に投稿しつづけたのは、世界的な活躍という自負が大きいと書いたが、それ自体が楽しかったのだろうこともまちがいない。「N&Q」は質疑応答誌であり、だれかが話題を投げかけると、別の投稿者が答えを出し、そこから議論になり、また反論が出たりと、たくさんの論考で賑わった。現在のインターネット上の掲示板や、SNSでのやりとりによく似ている。

熊楠は議論が大好きな人間であった。オランダのシュレーゲルとは一七世紀の中国の辞書である『正字通』にある「落斯馬」という動物の正体をめぐって、「ロスマ論争」をくりひろげた。シュレーゲルがイッカクとしたのに対して、熊楠はセイウチであると主張し、結局、熊楠の勝利に終わったものである。柳田とも、第八章で見るように「山人論争」で争った。もし熊楠が現代に生きていたら、インターネットやSNSを嬉々として使いまくっただろう。そして膨大な知識量で尊敬を集めるとともに、厄介者として疎まれたかもしれない……。

学術誌はコミュニケーション・ツールとしての機能ももつ。同好の士が集まる場であり、意見を発表すれば、だれかが反応してくれる（もちろん、黙殺されるケースもあるが）。熊楠にとって英文論考を書いて投稿するということは、他者との交流を意味した。ロンドンと和歌山の九〇〇〇キロ以上もの距離をものともせず、田辺の自宅にいながら海外のひとびととの交流を楽しんでいた熊楠は、時代をさきどりしていたといえよう。ロンドンからの帰国を決意したのも、郵便と雑誌を介して交流が保てると確信したからだったと思われる。

熊楠に論争を挑んだロンドン在住日本人ビジネスマン

「N＆Q」は、一八四九年にロンドンでウィリアム・ジョン・トムズというアマチュアのフォークロア研究者によって創刊された。日本の民俗学に近い「フォークロア」という概念を英語にもちこんだ人物である。創刊号のトムズの言葉によれば、この雑誌の目的は「投稿者や編集者が読んで興味深く思うような、さまざまな事柄、質問への回答」を投稿してもらうことであった。

「N＆Q」の特徴は読者投稿誌という点にあり、すべてのページが読者からの投稿で埋めつくされている。誌面は、ノート、クエリー、リプライの三つの欄からなる。ノート(短報)は投稿者の発見した知識や情報を書き送ったもので、現在の学術雑誌に出るような論文から、ごく簡単に事例を挙げた短文までさまざま。クエリー(質問)は、読者へ広く情報を求めた問いかけのこと。リプライ(応答)は、クエリーへの返答であった。リプライは一本では終わらず、数十人から寄せられることもある(ノートにリプライが付くことも多い)。何年もリプライが出つづけることもしばしばであった。もちろんまったくリプライの付かないクエリーもある。ひとつの物事や人物について大勢が情報を出しあうという点では、現在のウィキペディアに近いかもしれない。

熊楠は「N&Q」に、比較文化、科学史、東洋事情、民俗学といった分野の論考を寄せた。なかでも、西洋ではこういう事例(民話、習慣、ことわざ、信仰など)がある、と話題が出ると、それに類似した(あるいは正反対の)例が日本や中国にもあると反応するのがお決まりだった。熊楠は日本からの投稿者として、誌面では有名な存在となっていた。欧米人投稿者のなかにも、日本語や中国語の読める人物はいたが、熊楠ほど自在に多数の書籍を扱い、引用できるものはいなかったのである。そのため東洋関連のクエリーでは、しばしば熊楠が名指しで情報提供を求められている。実際、二〇世紀前半の「N&Q」では、東洋や日本についての論考がめだって増えていく。熊楠は国際的な学術空間において、たしかな存在感を発揮していたのである。

ところが、一九二四年に佐藤彦四郎（図7－3）という人物が投稿を始め、一九二四〜三八年に二七本の論考が掲載される。佐藤については、ずっと正体不明だったのだが、国立国会図書館の工藤哲朗によって調査が進められ、二〇二三年二〜三月に南方熊楠顕彰館で開かれた「熊楠のライバル 佐藤彦四郎：「N&Q」誌上で熊楠に論争を挑んだロンドン在住日本人」展に結実した。日本で初めて佐藤について扱った展覧会であり、ここでも紹介しておきたい。

図7-3　佐藤彦四郎

工藤の調査によれば、佐藤は一八八六年に群馬県の安中《あんなか》に生まれたと推定され、東京高等商業学校（現在の一橋大学）を卒業後、大阪に本社のある芝川商店という商社に入社する。毛織物の輸出入を手がけた会社であった。一九一五年にロンドン支店に転勤となり、やがて支店長を務める。しかし、一九二九年の世界不況のあおりでロンドン支店が閉鎖されると、現地の女性と結婚して子どももいたことからロンドンに残り、いまも大英博物館の目の前に店を構えるアーサー・プロブスセインというアフリカとアジアの書籍を専門に扱う書店に転職した。その後は大阪毎日新聞・東京日日新聞のロンドン支局で働くも、一九三八年にロンドンで亡くなっている。

佐藤の論考はクエリーが多いのが特徴で、英語の書物やイギリスの地理について質問しており、「N&Q」を実用的な情報収集に利用していたことが見て取れる。「故人にミスやミスターの敬称を使っても問題ないか」といった質問も出しており、たぶん仕事にも使っていたのだろう。熊楠が東洋の情報をイギリス人に提供していたのとは反対に、佐藤はイギリス人から必要な知識を教えてもらっていたのである。

佐藤は熊楠という大投稿者の存在を強く意識しており、熊楠の投稿「天秤を夢に見ること'Dreaming of a Balance'」(一九二五年六月二〇日号)が、「N&Q」誌面に誤って'Drawing of a Balance'のタイトルで出てしまったときには、早くも翌週号でまちがいではないかと指摘し、本文中の誤植も訂正している（おそらく熊楠の原稿が読みにくかったのが誤植の原因だろう）。「貨幣の音で支払うこと」（一九三〇年五月三日号）では、蒲焼きを焼く匂いで飯を食べた男に鰻屋が嗅ぎ賃を要求したところ、男が銭をチャランと鳴らし、その音だけで支払ったという日本の落語を紹介し、熊楠に原話を尋ねている。しかし、熊楠のリプライは出なかった。当該号への熊楠の書き入れを見ると、回答しようといろいろ書物にあたったようだが、自分では正解が見つけ出せなかった。そこで、一九三〇年八月の「民俗学」（二巻八号）に「蒲焼の匂い代」として文章を出し、大筋を紹介したうえで、

今年五月三日ロンドン発行の「ノーツ・エンド・キーリス」に、特に予を指名して、この笑話は日本でもっとも古く何の書に出ておるかを問うた人あり。あまり必要ならぬことながら、答えずにおくも残念と、手の及ぶ限り書物を調べたが見出せず。大曲《おおまがり》省三、宮武省三氏等に尋ねたが、分からぬ由と答えが来た。自分で鰻屋をしつつ、長年、小話の研究に専心している宮川曼魚《まんぎょ》君も、これはただ寄席でしゃべくったばかりで、書物へは出ていないだろうとの判定だった。

熊楠があらゆる伝手《つて》を使って、なんとか回答しようとしているのがわかる。大曲省三(駒村《くそん》)は、安田貯蓄銀行大崎支店長などを務めるかたわら、川柳など江戸文芸を研究した人物。宮武省三は、日本郵船や大阪商船の会社員として働きつつ、民間習俗をめぐって熊楠と大量の書簡をやりとりした。宮川曼魚(渡辺兼次郎)は日本橋の鰻屋の喜代川に生まれ、のちに自身も宮川という鰻屋を継ぐいっぽうで黄表紙や洒落本の収集に打ちこみ、江戸考証で知られた。いずれもアマチュアの研究者である。

熊楠は右の一文につづけて、一八一三年の『金草鞋《かねのわらじ》』に、蒲焼きの匂いで結び飯を食うのがいちばん金がかからないというセリフを見出したものの、音だけで代金を支払うくだりはなかったとして、「そのころ、またはそれより古い本に、件《くだん》の笑話があるかもしれない。誰かの教示を仰ぐ」と結んで助けを求めている。これに対して野崎寿という人物からプルタルコスに類話があると回答を得たものの、肝腎の日本に関する情報は寄せられず、佐藤にも回答できなかった。

おそらく佐藤は熊楠を純粋に尊敬していたのだと思われる。しかし、熊楠の側では唯一の日本人投稿者として活躍してきたという強い自負があり、素直に対応できなかった。このときも、「あまり必要ならぬ」といいながら、必死に答えを探している。熊楠の面倒くさい性格がよくわかる……。

そして一九二九年に「日本におけるヨーロッパからの外来語」という話題が「N&Q」に出たとき、ロンドン在住という地の利を活かして、佐藤が熊楠よりもさきに答えてしまったのであった。

「日本におけるヨーロッパからの外来語」

「日本におけるヨーロッパからの外来語」は、まず一九二九年四月二七日号でEというイニシャルのみの投稿者が、日本語になったヨーロッパ起源の外来語について、「本誌の尊敬すべき日本人投稿者に教えてもらいたいのだが、日本人がヨーロッパの発明や習慣を受け入れるにあたり、ヨーロッパの言葉をそのまま取りいれたものがあるか。ふだんの日本人同士の会話で、ヨーロッパの表現が何か使われたりするのか」と質問した。「尊敬すべき日本人投稿者」とは、当然ながら熊楠のことと考えられる。この論題自体が、熊楠が「N&Q」の常連投稿者であったからこそ発せられた質問だったのである。

ところが、ここで佐藤がさきんじてしまう。六月二九日号にリプライを寄せ、手元にあったという井上十吉の『和英辞典』（三省堂、一九〇九年）を使い、スペイン語起源、ポルトガル語起源などに分類したうえで、多数の例を示したのである。ポルトガル語起源としては金平糖、スペイン語起源はビロード、英語起源はボタンなど、二段にわたる長大なリストであった（図7－4）。ロンドン在住ゆえ、熊楠よりも早くリプライが書けたわけだ。当時、イギリスから日本への郵便には三週間ほどかかった。

Japanese	*Original*	*Meaning*
	PORTUGUESE	
Aruhei	Alfelao	Hardbake
Batteira	Bateira	Boat
Bidoro	Vidro	Glass
Furasoko	Flasco	Flask
Karumero	Caramelo	Caramel
Konpeito	Confeitos	Confit
Tabako	Tabaco	Cigars, cigarettes and tobacco
	SPANISH	
Birodo	Veludo	Velvet
Karuta	Carta	Playing cards
Kasutera	Castilla	Sponge cake
Meriyasu	Medias	Knitted goods
	DUTCH	
Dontaku	Zontag	Holiday; laziness
Furafu	Vlag	Flag
Giaman	Diamond	Glass
Goro or Gorofukur	Grof Grein	Coarse camlet
Kantera	Kandelaar	Frare lamp
Madorosu	Matroos	Seaman
	FRENCH	
Pan	Pain	Bread of every description
Shabon	Savon	Soap
Shappo	Chapeau	Head gear

図7-4　佐藤彦四郎「日本におけるヨーロッパからの外来語」（部分）

さらに問題を引き起こしたのが、佐藤と同日号にG・A・L・ゴイルが出したリプライであった。長崎にいたころに現地の歴史家のコガ氏〔漢字不明〕から聞いたといって、ブリキ、カステラなど多くをあげたのだが、このなかに「綿」はコットン、「印肉」はインクの転訛と述べられていたのである。すぐに佐藤が七月一三日号で綿と印肉は誤りだと指摘したところ、綿についてはヨーロッパ人たちから反論が出た。A・Rがイタリア語のオヴァッタからオが落ちた、エリック・スミットがオランダ語のワッテンからではないか、G・A・L・ゴイルが今度はドイツ語のヴァッテだと主張したのである。

結局、最後を締めたのは熊楠だった。一〇月一九日号にリプライを寄せ、『和漢三才図会』、李時珍《りじちん》の『本草綱目』、趙翼《ちょうよく》の『陔余叢考《がいよそうこう》』を用い、「綿」という漢字と、それがさす植物についてあきらかにしたうえで、『古事記』や『万葉集』ですでにコットンにあたるものをワタと呼んでいると明確に結論づけたのである。

ここに熊楠と佐藤の差が、はっきりとあらわれている。インク→印肉、コットン→綿がまちがいだろうというのは、日本人であれば直感的にわかる。しかし、それを多数の資料を用い、学問的に語源をたどるなどして示せたのは、熊楠だけだった。

このようにイギリスで発行される学術誌上で、日本人による活発な議論がおこなわれていたのである。

第八章　妖怪研究——リアリスト熊楠とロマンチスト柳田国男

妖怪は民俗学のテーマではないのか

何年か前に民俗学の学会に参加したとき、昼食に入ったラーメン屋で、某大学の大学院生たちが隣のテーブルに座っていたことがあった。そのうちふと聞こえてきたのが、「妖怪を研究したいって先生にいったら、ダメだって」という言葉である。おそらく修士課程に入ったばかりと思われる学生が先輩に愚痴をこぼしていたのだが、これを耳にして、とても不可解に思った。どういうことなのだろう？　妖怪は民俗学でも中心的なテーマではないのか。いまふと枕元に積んであった初学者向け入門書の『民俗学を学ぶ人のために』（鳥越皓之編、一九八九年）を確認してみたところ、やはり妖怪は立項されていない。それればかりか、妖怪という語も「都市型妖怪譚」と一ヵ所にあるのみで、河童も天狗もいっさい言及がない。

柳田国男には『妖怪談義』という著作があるし、熊楠も当然ながらとりくんだ。熊楠と柳田が交わした往復書簡でも、河童をはじめとしたさまざまな妖怪が俎上に上げられている。なぜ妖怪は民俗学の中心でありながら、禁忌とされるようになったのか。

もうひとつ、かねてから疑問に思っていたことがあった。妖怪を研究した人物といったら、柳田国男や水木しげるの名前があがるのがふつうだ。熊楠も妖怪を扱い、柳田が調査を進めるにあたって大きな手助けをした。二〇一六年の夏には南方熊楠顕彰館で「熊楠と熊野の妖怪」展が開催されたし、それをもとにした『怪人熊楠、妖怪を語る』（伊藤慎吾・飯倉義之・広川英一郎、二〇一九年）という本もある。しかし、日本の妖怪研究といって、熊楠の名を想起するひとは少ない。なぜなのだろうか。

柳田国男という人物

柳田国男は一八七五年、飾磨《しかま》県神東郡辻川村（現在の兵庫県福崎町）に生まれた。熊楠よりも八歳年下ということになる。松岡操・たけ夫妻の六男で、小学校卒業後は進学せず、近所の蔵書家のもとに入り浸って読書生活を送った。やがて千葉の長兄・鼎《かなえ》のところに寄寓したのち、一七歳のときに東京の三兄・井上通泰《みちやす》のもとで共立学校へ入って学校生活に復帰し、第一高等中学校、東京帝国大学法科大学と進む。柳田は、共立学校と東大の両方で熊楠の後輩なのである。そして一九〇〇年の卒業とともに農商務省へ入り、国家官僚となった。

柳田が配属されたのは、農務局農政課であった。ちょうど農業関連の法規が次々と制定される時期（政府が警官たちを用いて強制的に実行させたため、サーベル農政とも呼ばれた）にあたり、帝大出身の官僚が必要とされていたのだという。しかし、柳田の回想によれば、国会の解散が頻繁だったので暇な時期が多く、出張費であちこち旅したのが民俗学に傾倒する始まりとなる。たとえば、第一七回帝国議会は一九〇二年一二月九日に開会したものの二八日には解散している。第一九回帝国議会も一九〇三年一二月一〇日に開会したが、翌一一日に解散した（通常は三ヵ月ほどが会期）。日本で民俗学がスタートしたのは、国会が「荒れて」いたおかげといえるかもしれない。

少しのちのことになるが、柳田にとって決定的な契機となったのは、一九〇八年七月に宮崎の東臼杵郡椎葉村を訪れ、村長の中瀬淳にあちこち案内されたことだった。本来の業務は焼き畑、茶、シイタケ栽培の調査だったというが、中瀬から猪狩りの儀礼について聞き、関心をかきたてられる。これが柳田民俗学の出発点となる『後狩《のちのかり》詞記《ことばのき》』（一九〇九年）へつながった。さらに岩手県遠野出身の佐々木喜善と知り合い、一九〇九年に遠野を訪れ、『遠野物語』（一九一〇年）が生まれる。

柳田と熊楠の出会い

二人の「出会い」については、近年になって通説が大きく修正されている。従来は柳田晩年の回想をもとに、熊楠が留置所内で柳田の『石神問答《いしがみもんどう》』（一九一〇年）を読んだのが始まりとされてきた。道祖神やミサキといった石でかたどられた神々について、山中笑《えむ》（共古）や伊能嘉矩《いのうよしのり》らとの書簡のやりとりをまとめた著作である。

熊楠が「留置所で読んだ」というのは、熊楠が神社合祀反対運動に邁進するあまり、一九一〇年八月二一日、紀伊教育会主催の夏期講習会に酔っ払って乱入し、逮捕された件をさす。収監中に柳田から南方家に『石神問答』が届き、留置所に差し入れてもらって読み、これが日本の民俗学の出発点になったと考えられていたのである。情報源は柳田の『故郷七十年』（一九五九年）で、坪井正五郎に『石神問答』を贈呈したところ、熊楠にも送るように勧められたと書かれている。

これが本当なら、日本の民俗学は劇的なスタートを切ったことになる。しかし、残念なことに（?）熊楠サイドの資料の精査によって、現在ではこの話は否定されている。熊楠が留置所で『石神問答』を読んだのはまちがいない。一九一〇年八月二七日のことである。しかし、熊楠が収容中に付けていた「入監中ノ手記」と『石神問答』への書き入れを確認すると、地元の牟婁新報社の植字工である秋川正次郎から差し入れられた本だったことがわかる。柳田から送られたのではなかったのだ。柳田も驚くべき記憶力を誇ったことで知られるが、晩年にはどうしても衰え、記憶違いも生じていたのだろう。

とはいえ、熊楠が『石神問答』に大きく心を動かされたことはまちがいなく、釈放後の一〇月四日には近所の書店で『遠野物語』を購入している。

少し補足しておくと、柳田が熊楠との交流を思い立ったのは一九一〇年七月で、人類学者の柴田常恵に紹介を依頼している。しかし、このときは連絡に至らず、一九一一年三月一九日になってようやく熊楠へ書簡を送る。これが二人の付き合いの始まりとなった。もちろん、熊楠はとっくに釈放されており、すでに柳田の著作を何冊も読んでいた。このあと二人のあいだには膨大な量の往復書簡が始まり、一九一七年一月までつづいていく。平凡社ライブラリーで『柳田国男・南方熊楠往復書簡集』（一九九四年）として上・下巻にまとめられるほどの分量で、長く濃密な付き合いだったことがわかる。

実際に二人が顔を合わせたのは一度きりだった。一九一三年一二月三〇日、柳田が熊楠の暮らす田辺までやってきたのである。東大教授の松本烝治との二人連れであった。松本は柳田と学部生時代からの友人で、商法学を専門とした人物である。しかし、到着が遅い時間になってしまい、なおかつ予告なしの訪問であったため、狼狽した熊楠はきちんと対応できなかった。その場はひとまず二人に帰ってもらい、夜中に酔った熊楠が二人の宿泊先まで訪ねたものの、ほとんど話も通じない状態だったという。

翌朝、柳田が南方家を再訪するが、熊楠は布団をかぶったまま臥《ふ》せっており、そのまま話をしたと伝えられる。人間づきあいの苦手な熊楠とはいえ、さすがにこうした対応はひどい。とはいえ、柳田の訪問に問題があったのも事実だろう。おそらく仕事納めのすんだタイミングで東京を離れ、和歌山へ向かったのだと思われるが、年末の押し詰まった時期のアポなし訪問は非常識といわれてもしかたない。

柳田はそれでも熊楠を見捨てなかった（そして熊楠も柳田と縁を切らなかった）。ただし、以後は書簡のやりとりと、雑誌上の問答でのみの交流となったのは、こりたからかもしれない。

このようにして、熊楠と柳田は協力して日本民俗学を発展させていく。柳田がいかに熊楠からの情報を重視していたかは、届いた書簡を清書させ、「南方来書」として保管していたことからもうかがわれる（熊楠の字が読みづらいための処置でもあったのだろう）。いっぽうの南方熊楠顕彰館には、柳田からの来簡七〇通あまりが残っている。どちらも相手からの書簡を大切にしていたのであった。

河童の正体を探る

妖怪は日本にしかいないともいわれる。日本では、それこそ図鑑ができるくらいの種類が棲息し、それぞれ固有の名前と姿をもっている。ぬらりひょんや泥田坊《どろたぼう》や油すましといえば、だれでもイメージが浮かんでくるだろう。海外にも妖怪にあたるものがいないわけではないが、その数は少ないとされる。厳密にいえば、似たような存在はいるが、集合的な概念であり、個別性に乏しいと説明すべきかもしれない。日本のように各個が名称／イメージをもっているわけでなく、おおよそひとくくりにして、悪さをする霊だとか、死人が化けて出るものだとか、精霊や悪魔とかいった存在にされている。日本語で「妖怪」にあたる言葉をもつ国はめったにないのである。

このように日本の妖怪が多様化したのは、江戸中〜後期のことだとされる。娯楽としての妖怪文化が隆盛し、たとえば鳥山石燕によって具体的な姿を与えられていく。怪談や浮世絵の主題にもなる。それを近代になって整理したのが、柳田国男だったのだ。

熊楠と柳田の往復書簡には、いろいろな妖怪たちが登場する。ただし、右に述べたように整理中の段階であり、我々の知っているものとは異なる点も少なくない。ここでは、二人が集中的に話題にした河童をとりあげたい。

一九一一年九月二〇日付の書簡で柳田は、河童、神馬、馬蹄石の三点について教えてほしいと熊楠に依頼した。熊楠はすぐさま反応し、九月二二日付の書簡で河童について詳細に書き送る。最初にあげられているのは、備前（現在の岡山県）のドウマン（朱鼈）であった。ドウマンといっても、よほどの妖怪ファンでなければ聞いたことがないだろうが、熊楠はこれを河太郎、すなわち河童のようなものと説明し、小野蘭山の『本草綱目啓蒙』にも出ていたはずだと付けくわえる。

ドウマンは、朱《あか》い鼈《すっぽん》と書くとおり、亀のような姿をしている。スッポンというからには、噛みつきもするのだろう。現在の我々が思い浮かべる河童とは、どうにも異なっているように思える。しかし、「川に棲んで人間に害を与える妖しい存在」という点は共通する。河童にあたるような妖怪は全国各地に分布したものの、もともと地域によって呼び名も姿もバラバラだったのである（図8－1、図8－2）。

熊楠は紀州のカシャンボという妖怪についても、「河童をいうなり」と書いている。馬に悪戯をするといい、そのあたりはいかにも河童っぽいが、カシャンボは「このものは人の目には見えない」とされる。また熊野では「夏は川におり河太郎、冬は山に入りカシャンボとなるという」とも述べる。河童のようでもあり、そうでもないようでもある。

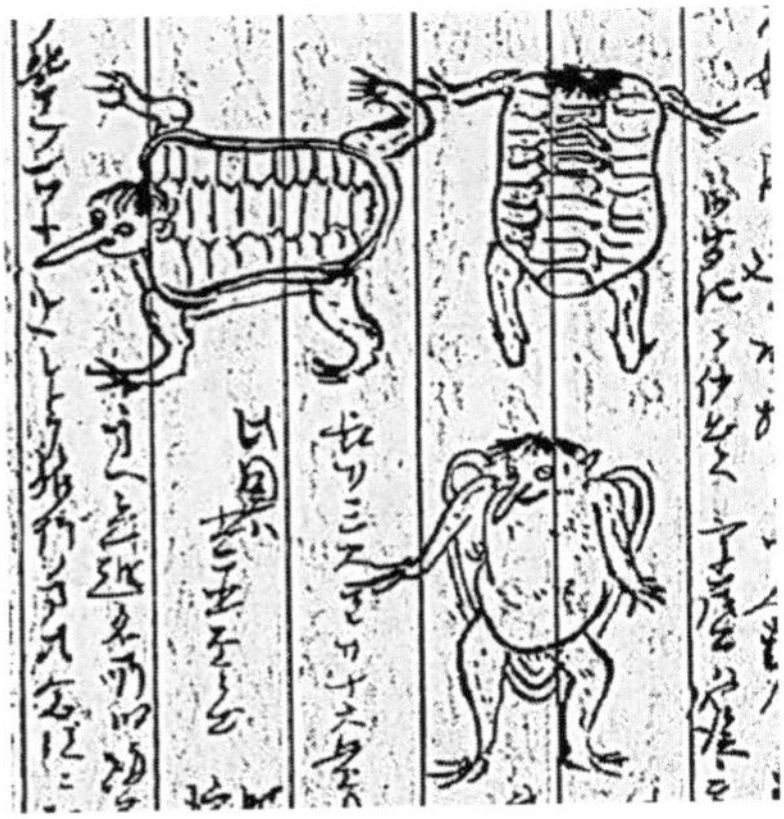

図8-1　熊楠が田辺抜書で描いた、亀に近いタイプの河童（南方熊楠顕彰館、田辺市）

図8-2　同、二足歩行タイプの河童
（南方熊楠顕彰館、田辺市）

熊楠は「河童の薬方」(「郷土研究」二巻一一号、一九一五年一月)では、

四〇年ばかり前までは、和歌山市では河童をドンガスといい、河童と言ってもわからないひとが多かった。亡母によれば、大阪から下ってきたひとはこれを河太郎、江戸から移ってきた士族はカッパと呼ぶ、と。ドンガスは泥亀を訛ったものか。

とも論じている。現在では、こういった河童のバリエーションは精査されていて、無数の呼び名と形状があったことがわかっている。たとえば、長野で河太郎、広島で猿猴、アイヌでオソイネプと呼ばれ、姿も蛙のようなものから、亀に似たタイプ、全身が毛で覆われた種類といろいろあった。これらが明治以降に「河童」としてまとめられていったのである。熊楠も、さまざまな河童の情報を柳田に伝えることで、「妖怪の整理統合」にくわわっていたといえる。

妖怪を否定する熊楠

熊楠は妖怪の実在を信じていなかった。ドウマンについても、「かかる怪物の存在をはなはだ疑うものなり」というのである。スッポンがひとを噛むのを誤認したのではないか、とあきれるほど現実的なことを述べる。このように妖怪といった、存在のはっきりしない怪しいものは疑ってかかるのが、熊楠の基本的な態度だった。意外に思うひともいるかもしれないが、熊楠は自然科学のトレーニングを積んだ人間であり、リアリストの側面が強いのである。

しかし、その実在は信じないにしても、妖怪にまつわる伝承や説話があることは否定しない。むしろ、そのあたりこそが熊楠の真骨頂で、次のように饒舌に語っていく。

しかし、亀が怪をなし、ひとを害するということは、ずいぶん外国にもあることで、［……］プルジェワリスキー氏の著作［『モンゴル、タングート、チベット北部辺境』］の一巻二〇一～二〇二ページに、蒙古のタヒルガという川で水浴びをしたとき、付き従っていたコサック兵たちは、水中のスッポンを恐れて水浴しなかった。蒙古人がいうには［……スッポンは］よくひとを惑わす。このスッポンが俗人の体に吸い付くと、いかにしても離れず。これを離す方法は、白いラクダか白いヤギを連れてくると、スッポンを見て叫ぶ。その声を聞くとスッポンは自分から落ちて離れる、とある。

プルジェワリスキーはロシアの探検家、博物学者で、一八七〇年代初めにモンゴルや中国を旅した。熊楠はロンドン抜書でこの旅行記を写しており、柳田からの問い合わせに際して、かつて書写した内容を即座に思い出し、紹介したのであった。それにしても、白いラクダはめったにいないだろう。日本で、スッポンが食いついたのを雷鳴によってひきはがす、というのよりも数段難しい。

熊楠はモンゴルに亀の怪が実在すると主張するのではない。モンゴルでこうした怪異が信じられていると述べているのである（プルジェワリスキーも目にしていない）。本当に存在することと、いると信じられていることとはまったく違う。熊楠は妖怪を捕獲して生物学的に研究しようとしていたわけではなく、妖怪にまつわる信仰や説話を人間の文化と捉え、研究したいと考えていたのであった。

つづけて熊楠は、中国の『抱朴子《ほうぼくし》』に川の淵に大亀が棲んでおり、病気を流行らせたが、退治されるとひとびとも回復したという話を示す。同じく中国の『淵鑑類函《えんかんるいかん》』にも、亀の怪がたくさん出ているとする。それから日本に移って、「むかし信州に大亀あり。深い淵で怪をなしたのをひとりの勇者が討ち取り、その甲羅はいまもある」という話や、徳川（松平）忠輝（家康の六男）が箱根の芦ノ湖で大亀を刺し殺した伝説を並べる。その次は古代エジプトに飛んで、ウォーリス・バッジの『エジプト人の神々』から、古代エジプトでひとびとが亀を恐れてアーペッシュという神に祀り、暗闇や邪悪さを司る、としていたと述べる。このように多数の文献を用いて、世界各地から無数の例をあげてみせるのは熊楠の得意技だった。

それから話は熊楠の地元に移り、南方家では田辺近郊の朝来《あっそ》の女性をお手伝いさんに使っている。その女性がいうには、朝来ではコウホネ（スイレンの仲間の水草。黄色い花を咲かせる）をゴウライノハナと呼ぶ。この花があるあたりには、川太郎（河童）がいる。朝来では川太郎をゴウライと呼ぶ、と述べる。また茄子のヘソをとらずに食べると、川太郎に尻を抜かれるともいう。茄子のヘソとは、花が付いていた先端部をさす。

茄子のヘソで、なぜそんなことになるのかはわからないが、ともかく熊楠の時代にも河童は身近な存在だったことが伝わってくる。その最たる例が、一九〇七年五月に起きた河童騒動であった。これは柳田との往復書簡ではなく、「河童について」（「人類学雑誌」二八巻一号、一九一二年一月）で語られているものだが、熊楠の家から数キロ離れた西牟婁郡満呂《まろ》村（現在は田辺市。万呂と表記するようになっている）で、毎夜カシャンボ（河童）が牛小屋に入り、牛の全身によだれをなすりつけ、病気にして苦しめた。あまりにひどいので、村人が対策を練り、ある晩、灰を牛小屋のあたりに撒《ま》いておいた。翌朝になって見ると、みずかきのある足跡がいくつか残っていた。そのため、水鳥のようなものであることがわかった、と村人がやってきて熊楠に話したというのである。

二〇世紀に入ってもなお、河童が出ていたとは！　灰を撒いて正体をつきとめようとするのは、賢い方法だが、歴史的に定番のやり方でもあった（拙著『熊楠と幽霊』で詳述）。

満呂のカシャンボについて、熊楠は江戸期の本草学者である佐藤成裕《せいゆう》の『中陵漫録』に、薩摩でカワウソが馬に害をなすという一文があるのを引きながら、こんなふうに結論づける。

かつてカワウソが飼われているのを見たことがあるが、すこぶる悪戯好きなものであった。そのため、厩舎に入って家畜を悩ますことがあるのを、河童の仕業だと信じられるようになった。少なくとも満呂村の一件は、カワウソのしたことで疑いないと思う。

水鳥だという村人の主張とは矛盾するが、カワウソにもみずかきがあるから、妥当な意見ともいえる。従来からカワウソは河童の正体ではないかと考えられてきたし、和歌山はカワウソの多い地域でもあった。和歌山市の友ヶ島には一九五四年ごろまで多数生息しており、これが本州最後の群れだとされる。古座川流域や北山村、太間川《たいまがわ》などでも記録があり、場合によっては一九六〇年代まで見かけたという話も伝わっている。熊楠のころには、まだまだ棲息していただろう。ちなみに、熊楠は知らなかったようだが、アイヌの河童も鳥のような足跡を残すという。

このときも熊楠はまったく妖怪だとは信じていない。カシャンボや川太郎や河童といった妖怪が実在するなどとは考えてもおらず、実在の動物であるカワウソだろうとしてしまう。熊楠はあくまでも現実的な答えを出すのである。

山人論争

熊楠と柳田の仲を裂く原因となったといわれるのが、「山人論争」だ。柳田は山人の実在を主張したが、熊楠は否定し、激しい論争の末に柳田が敗北したことで、平地＝農民主体の民俗学へ舵を切る契機となった。日本の民俗学史上でも、きわめて重要とされる事件である。これについても、往復書簡から見ておこう。

柳田のいう山人とは、山間に隠れ住む民であり、山で仕事をするひとたちや、何かの理由で追われて山に逃げこんだもののことではない。民族として昔から山に暮らしてきた集団をさす。山から山へ渡り歩く生活をして、川で漁をおこない、ザルなどの道具をつくって物々交換で生計を立てるサンカやドーニンが代表とされる。柳田はかれらを先住民の生き残りであり、文明と接触を断って昔から暮らしてきた存在ではないかと考えていた。

民俗学という学問は、ひとびとの古くからの生活や習俗をあきらかにすることをめざす。とすれば、古代から変わらぬ暮らしをつづけている山人に柳田が注目したのも、当然のことだったろう。当時はコロポックル論争がさかんな時期でもあった。本書では深く踏みこまないが、現在の日本人が日本列島に渡ってくる以前にコロポックルという先住民がおり、それが追いやられて片隅で生き延びているのでは、と考えられていたのである。日本人の起源に迫る問題でもあったわけだ。

熊楠は山人について、河童と同じ書簡で論じている。しかし、柳田の期待とは正反対に、『一五世紀のインド』という書物にロシア人の見聞した記録として、「インドの森のなかに猿が棲み、その王がいた。猿の群れが武器をもって守っていた」と書かれているのを引いた上で、「これらは猿が山男と混ざったもののようだ」とすげない。

すでに見たプルジェワリスキーの著書からは、モンゴルには「人熊」と呼ばれる不思議な獣がおり、「力が強いことははなはだしく、狩人がこれを怖れるのみならず、それが来るのをおそれて村人たちが住むところを移す」と引用する。中国の甘粛省でも山中に同じものがいるが、非常にまれで足跡を見るだけだという。まるでイエティのような話である。ただし、プルジェワリスキーはここでも話を聞いたのみで、実際に目にしてはいない。

熊楠の結論は、やはり現実的である。「熊楠いわく、これは〔学名を〕Ursus pruinosusという西蔵熊《チベタンベヤー》である。大英博物館に〔剥製が〕あった。中国のヒグマである」。西蔵熊は、チベットヒグマないしウマグマと呼ばれる実在の動物だ。

オオカミに育てられた子

山人論争で熊楠がもうひとつ否定的な証拠としてあげたのが、「オオカミに育てられた子」のテーマであった。ヨーロッパでは古くから「野生児」の伝説があり、オオカミに育てられた子、熊に育てられた子といった話が多い。古代ローマを建国したロムルスとレムスの双子も、オオカミの乳で育ったとされる。そして一九世紀にヨーロッパ諸国が世界各地に植民地をもつようになると、あちこちから「実例」が報告されていく。

一九一一年九月一三日付の柳田宛書簡で、熊楠はヴァレンタイン・ボールというイギリス人が書いた『インドの密林にて』（一八八〇年）を資料に使っている。ボールはダブリン出身の地質学者で、一八六四年のインド地質調査隊に参加したのち、一八八一年まで現地に留まって研究をつづけた。ボールはインドの「オオカミに育てられた子」どもたちに関心をもって、多数を調査し、十数ページにわたって実例を並べている。

熊楠がボールから紹介するのは、一八七二年に一〇歳くらいの少年がオオカミの巣穴で発見され、孤児院に引き取られた事例だ。猟師によって救い出されたものの、動作はまったく野獣のままで、犬のように水を飲み、骨と生肉を好んだ。暗いところに隠れがちで、服を着せると細かく引き裂いてしまったという。同じ孤児院には、もうひとり別の「オオカミに育てられた子」も収容されていた。ボールは実際にこの孤児院を訪れて観察し、「オオカミに育てられた子」が生じる経緯について、オオカミたちが満腹のときに人間の子どもがさらわれてくると、食べられてしまわず、雌オオカミの乳を飲んで育ち、そのうち一族の一員と認められるようになったのではないか、と説明しているという。『インドの密林にて』には、この少年の挿絵（図8－3）があり、熊楠はそれを模写して柳田に送っている（図8－4）。

熊楠はインドのこの少年を例として、ふつうのひとが偶然によって野生で暮らすことになったのが、たまに見つかる「山人」なのであり、古代からの集団としての山人など存在しないといいきる。「すべて山民の話はこんなこと」「十の九は虚構にて、こちらがそれを筆記しなどして、あとで笑わるること多し。これは日本のみならず何国にても然《しか》り」「学術上精細な取調べをなし、不言不語の証拠が上がり、古話、古俚のみでは、しかとしたる証拠上がらぬを知るべし」というのである。柳田の山人論を完全否定している。諸外国から現実的かつ確実な例をもってくるのが熊楠の方法であり、

図8-3　ボール『インドの密林にて』の「オオカミに育てられた子」

図8-4　同、柳田宛書簡（南方来書）中の模写

柳田は太刀打ちできなかった。

その後しばらくは小康状態がつづくが、一九一六年に「郷土研究」誌での柳田の編集方針に熊楠が批判の声を上げ、山人の話を蒸し返して、「『郷土研究』に貴下［……］が、山男山男ともてはやすを読むに、［……］真の山男でも何でもなく、ただ特殊な事情でやむを得ず山に住み、いたって時勢遅れの暮らしをし、世間に遠ざかりおる男（または女）というほどのことなり」（一九一六年一二月二三日付書簡）と強く否定する。

やがて柳田は山人を追いかける

のを諦め、結局、農民を中心とする「常民」へ方向転換していく（完全に妖怪研究から離れてしまうわけではない）。そして柳田の系譜に連なる第二次大戦後の民俗学研究は、「ふつうのひとたち」「抑圧されつづけてきた庶民」の生活に寄り添うのを使命としていく。そのなかで、冒頭で述べたように、（一部の大学で）妖怪研究をタブー視する空気も生み出されていったのであった。

このように溝を深めていった結果、二人はあれほど濃密な書簡のやりとりをしていたのに、一九一七年一月一六日の柳田からの書簡をもって絶信状態となる。わずか六年弱の交流に終わったのであった。およそ一〇年後の一九二六年五月二二日に柳田から連絡があり、数通のやりとりがされるが、熊楠の著書の『南方随筆』に収められた中山太郎の「私の知っている南方氏」で、柳田の田辺来訪についておもしろおかしく書かれている、と抗議したものであった。熊楠が逮捕されたとき、柳田が東京から駆けつけて救いだしたなどとあり、まったくの事実無根だったのである。これを受けて熊楠は発行元の岡書院に申し入れ、第二版から訂正させている。

南方熊楠顕彰館には、柳田が山人のことなどをまとめた『山の人生』（一九二六年）が残っている。しかし、熊楠が「大正十五年十一月二十五日　柳田氏より雑賀貞次郎氏を経て寄贈着」と書きこんでいるように、柳田から直接熊楠のもとに送られたのではなく、共通の知人である田辺の郷土史家を経由しての贈呈であった。二人のあいだには、すっかり距離ができてしまっていたのだ。
柳田が熊楠の死去（一九四一年一二月二九日）に際して寄せた「南方熊楠翁のこと」という文章が、「朝日新聞」（一二月三一日）に出ている。

日本で知られていた南方翁は、その一側面に過ぎず、本領は一生知られずに終った。それというのは妙な片意地なところがあって、自分の研究をほとんど日本文で発表せず、全部英語で書いた。帰朝してから四十年以上になるかと思うが相変らず英文でもって外国の雑誌に発表していた。〔……〕
殊にその博覧強記をもって植物の分布を通じてあらわれた東西交通の研究は、正に翁の独擅場ともいうべきで、植物伝来史分布考とも名づくべき研究は翁の如き和洋漢に精通した人を俟《ま》ってはじめて可能というべく、英国などにおいても、この点が高く評価されていたようだ。

柳田の熊楠に対する複雑な心情があらわれた一文といえよう。

ロマンを解さない熊楠

なんとなく読者のみなさんにも、熊楠が妖怪研究のなかで等閑視《とうかんし》されてきた理由がわかってきたのではないだろうか。熊楠は説話や伝承は好きだが、それはあくまでもフィクションであり、妖怪が実在するとは毛ほども考えていないのである。

柳田と熊楠の差を、あえて大胆にいってしまうならば、ロマンがあるかどうかだと思う。不思議なものに憧れ、その実在を肯定しないまでも、信じたいという気持ちがある柳田に対し、熊楠はリアリストである。熊楠が妖怪研究に名を残さなかったのは、彼がロマンを解さなかったからであると述べても、過言ではないだろう。

柳田は『遠野物語』の序文で、遠野やさらに山深いところには「無数の山神山人の伝説あるべし。願わくは之《これ》を語りて平地人を戦慄せしめよ」と述べている。平地人、すなわち常民や農民や都会人への強烈なメッセージとして投げかけられた言葉だ。『遠野物語』は不可解なできごとに満ちた一冊で、河童、山姥、サムトの婆、馬との結婚、オシラサマ、座敷童といったものが登場する。その世界には、理性だけでは対応できないような魅力があり、いまも読まれつづけているのがよく理解できる。それがひとびとを惹きつけ、妖怪研究へと踏み出させていくのだ。

しかし、わたしは断然、熊楠派である。たんなるロマンで山人という想像をふくらませるより、冷徹に事実を見つめる目をもちたい。それに、「本当に妖怪がいるのか」という問いよりも、「なぜひとびとは妖怪というものを想像してきたのか」というテーマのほうが、ずっとおもしろく感じられる。

本書では詳しく扱わないが、もうひとつ見落とせないポイントは、熊楠が諸外国の例をもちだしている点であり、これも柳田と絶交する要因となっていく。柳田の学問は一国民俗学とも呼ばれるとおり、日本国内のみに目を向けたからこそ、成立しえた側面がある。それに対して熊楠のような比較民俗学の視点は、柳田民俗学の焦点をぼやけさせる危険性をもっていた。日本人をひとつの民族と考え、農民こそを日本人の典型に据えるような考え方は、このあとの戦争の時代へとつながっていく。熊楠のような視点が、もう少し影響力をもっていれば、と悔しく思わなくもない。

第九章　変形菌（粘菌）とキノコ――新種を発見する方法

コレクターの二つのタイプ

コレクターには二つのタイプがいる。ひとつはコンプリート、すなわち全種類の制覇をめざすひとたちである。切手でたとえるなら、日本で出た切手をすべて集めようとするコレクターだ。もう少し範囲を限定して、大正期に出た切手、昆虫がデザインされた切手、和歌山県に関係ある切手といったケースもある。これに対して、コンプリートを目標としないコレクターも少なくない。好きなもの、目に付いたもの、たまたま出会ったものを次々と入手していくタイプだ。

コンプリート派は最後の一点ともなると、金はいくらでも出すとなったりして、ときに事件や犯罪に発展することもある。いっぽうのめざさないひとたちが「温厚で安全」かといえば、そんなこともなく、やたらとコレクションは増えていくし、どんどん興味が広がって、気が付けば当初は想像もしなかったものを夢中になって集めている。どちらが「性質《たち》が悪い」とも言い切れないところだ。

わたしは、熊楠は後者だったと考えている。最後のひとつまで漏れなく集めきろうという執念が感じられないのである。たとえばシダ植物でいえば、和歌山県内では現在約三七〇種の分布が確認されているが、熊楠の集めたのは一〇四種に留まる（一九〇五年日記巻末の記録による）。ある地域をしらみつぶしに調査して、その次は隣の地域に移って、というように計画的に採集したようすもない。蔵書を見ても、シリーズものや全集ものなのに、全巻そろっていない例が少なくない。コンプリートするというよりも、とにかく集めること、記録することが目的だったように見える。

コンプリートをめざさない熊楠

生物学の分野で、熊楠がもっとも熱中して集めたのはキノコだろう。約五二五〇枚の「菌類図譜」が残されており、二〇〇〇枚程度と推定される変形菌（粘菌）よりもはるかに多い。「履歴書」では、「小生のもっとも力を致したのは菌類」と述べている。『南方熊楠大事典』でも、生物関係の項目は真菌類（キノコ）、変形菌（粘菌）、蘚苔類・地衣類、藻類（淡水藻）、高等植物標本、昆虫の順に配列されている。熊楠の興味を反映させた順番なのである。キノコには「日光山記行」にも記述があったように、東京時代から関心を抱いており、アメリカ時代にとりくみはじめる変形菌より早かった。

膨大な数の菌類図譜を作成したものの、熊楠は日本中のキノコをすべて集めようとは考えていなかった。帰国後の熊楠はほとんど和歌山県を出ることがなく、採集地も自身が滞在した和歌山市、那智、田辺周辺にかぎられる。もし日本のすべてのキノコを記録しようとしたら、全国各地を歩き回らなければならないはずである。ところが、そうしたようすはないし、和歌山県内ですら未訪の地が多い。知人や協力者に頼んで、ネットワークをつくって網羅しようともしていない。

仮に『日本キノコ図鑑』といった形で成果を出そうとしていたならば、熊楠のような集め方ではけっして完成することがない。県内残らず調査しているわけでもないから、『和歌山キノコ事典』ですら不可能だったろう。

こうした点は、たとえば牧野富太郎とは大きく異なる。牧野が『日本植物図鑑』（一九四〇年）という国内の植物を網羅した図鑑を完成させえたのは、日本の隅々までくまなく訪れ、ありふれた種から珍しい植物まで徹底した採集をくりかえし、それでも足りない部分は各地の協力者たちに提供してもらったからなのである。熊楠も牧野に多数の植物標本を送っており、いわば牧野の手足として機能していた側面がある。牧野が全国に植物愛好の同志を育てていったのは、たんに同好の士を集めたかったたのではなく、日本の植物をコンプリートするという野望を抱いていたからでもあった。

熊楠は標本が「ダブる」ことも厭わなかった。菌類図譜を見ると、かつて採ったことのある種にふたたび巡り会ったときは、整理番号のあとにa、b、cと付けて、そのことを明示している。コンプリート・タイプのコレクターはダブりを嫌い、できるだけ避けようとする。もし入手してしまったら、仲間たちとの交換用にしたり、転売したり、極端な場合には破棄してしまうことすらある。

しかし、第五章で見たようなエコロジー的視点からすると、ダブりは重要な記録だ。ある種類がくりかえし見つかることは、それ自体が意味のあるデータで、その土地の植生や環境を理解する手がかりとなる。ありふれたもの、ふつうのものへの眼差しは、熊楠の収集を特徴づけており、さらには現代の環境研究にも利用できる可能性をもっている。

変形菌（粘菌）

熊楠といえば変形菌（粘菌）を研究したイメージが強いだろう。実際、現在でも通用する熊楠の生物学の業績は、変形菌に関するものが多い。あとで触れるように、キノコについてはほとんど発表しなかったのと対照的である。

さて、変形菌という名称で話していると、「粘菌のことですか?」と質問されることがある。じつはこれはどちらも同じものをさす。ほかに、ホコリカビやミケトゾアと呼ばれることもある。変形菌というのは、流動的な性質をもっていることからの名称だ。粘菌は、文字どおり、粘ついた姿をしていることから。ホコリカビというのは、胞子を飛散させるようすが埃《ほこり》のように見えることから付けられた。ミケトゾアはラテン語である。熊楠は、粘菌、変形菌、ミケトゾアを混用した。

変形菌と粘菌という名称の使い分けだが、科学の世界では「一番」が重視される。最初に発見したひとが偉くて、二番目以降は無価値に等しい。このあたり、きわめて西洋的な価値観であり、同じく一九世紀に形を整えた近代スポーツと通じるものを感じる。科学が先鋭的になった原因のひとつだと思うのだが、ともかく同じ種に複数の名が付けられていると判明した場合には、最初の名のみが有効となる。それと同じで、日本では一八八八年に田中延次郎によって変形菌という名称が使われはじめ、一九〇六年の粘菌に先んじたため、現在では変形菌と呼ぶことになっているのである。一九〇六年に粘菌と訳したのは海藻学者の遠藤吉三郎で、熊楠の業績を日本で紹介するためであった。

熊楠はアメリカ時代に何種類か変形菌を採取しているが、本格的にとりくむようになったのは、イギリスを離れるとき、大英自然史博物館のジョージ・マレーに日本の隠花植物を研究するように勧められたからとされる。植物学研究は当時すでに世界規模で進んでいたが、被子植物をはじめとする高等植物にかたよりがちだった。それに対して、隠花植物（いまでは使われない用語だが、花を付けない植物、すなわちシダ植物やキノコや藻類など）はまだ充分な調査がおこなわれていなかった。とくに日本には専門の研究者が少なく、熊楠が情報をもたらしてくれることが期待されたのである。やりがいのある仕事であり、さらには新種発見の期待もできた。

そのため帰国した熊楠は、直後から和歌山市内で藻類やキノコを集めはじめ、「夢枕に立った亡父の導き」によって珍しい藻類を入手したりもした（詳しくは拙著『熊楠と幽霊』）。やがて那智を経て田辺に移ると、重要な発見があいつぐ。第五章でふれたように糸田神社でアオウツボホコリを発見し、イギリスの変形菌研究者であるアーサー・リスターに送ったところ、新種と認められる。これが神社合祀反対運動のきっかけとなったのは、すでに見たとおりである。

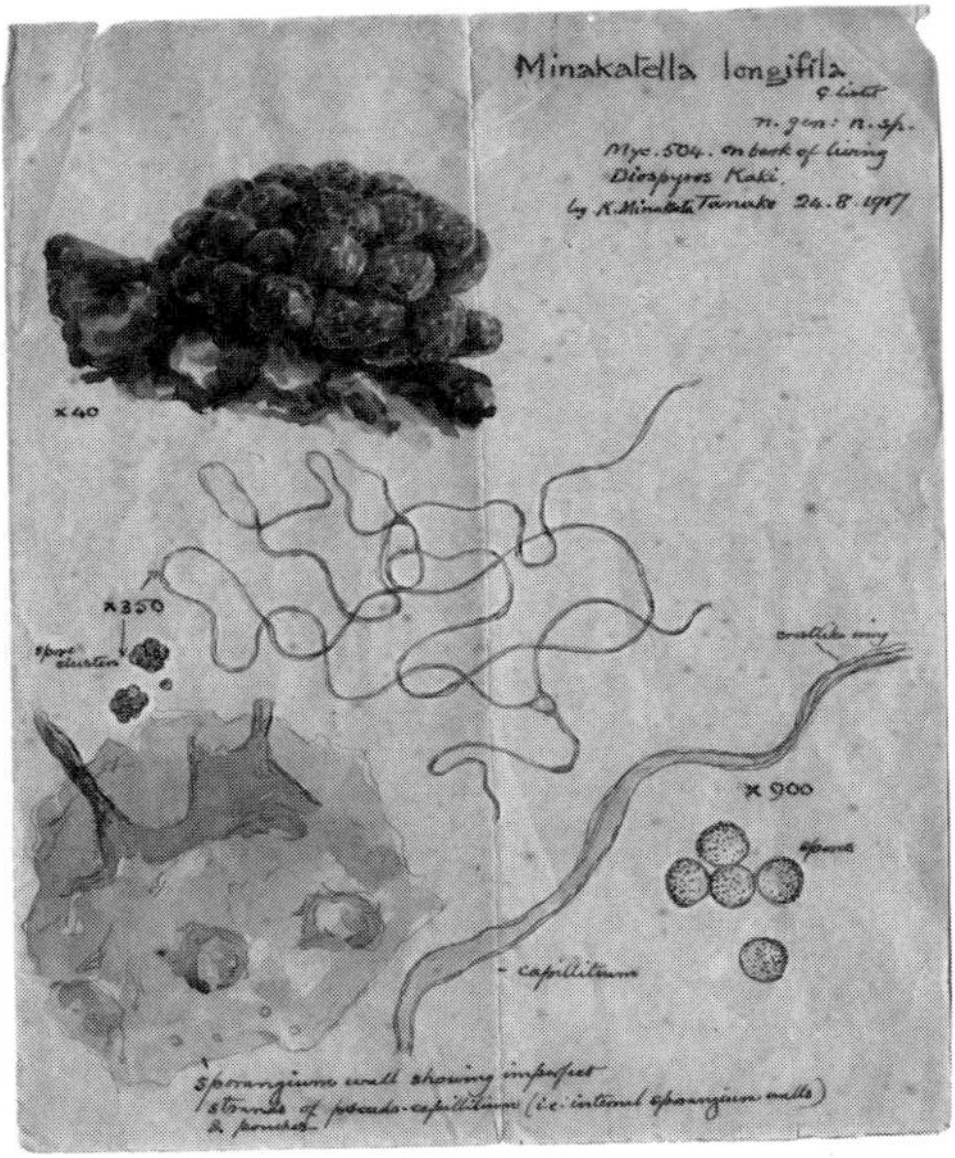

図9-1　グリエルマ・リスターによる、ミナカテラ・ロンギフィラの記載図（南方熊楠顕彰館、田辺市）

新種発見の名誉共同体

さらに一九一六年には南方邸の庭の柿の木で採取した変形菌が新種であることがわかり、アーサーの娘で、やはり変形菌研究者だったグリエルマ・リスターが熊楠の名をとってミナカテラ・ロンギフィラ（図9－1）と名付けてくれた。リスター父娘は大英博物館に出入りするアマチュアの研究者で、変形菌の世界的権威として知られた。

このように変形菌に関して熊楠は積極的にイギリスの専門家へ情報提供し、その成果が新種の発見や献名によって報いられた（図9－2）。現在でも熊楠の発見は有効と

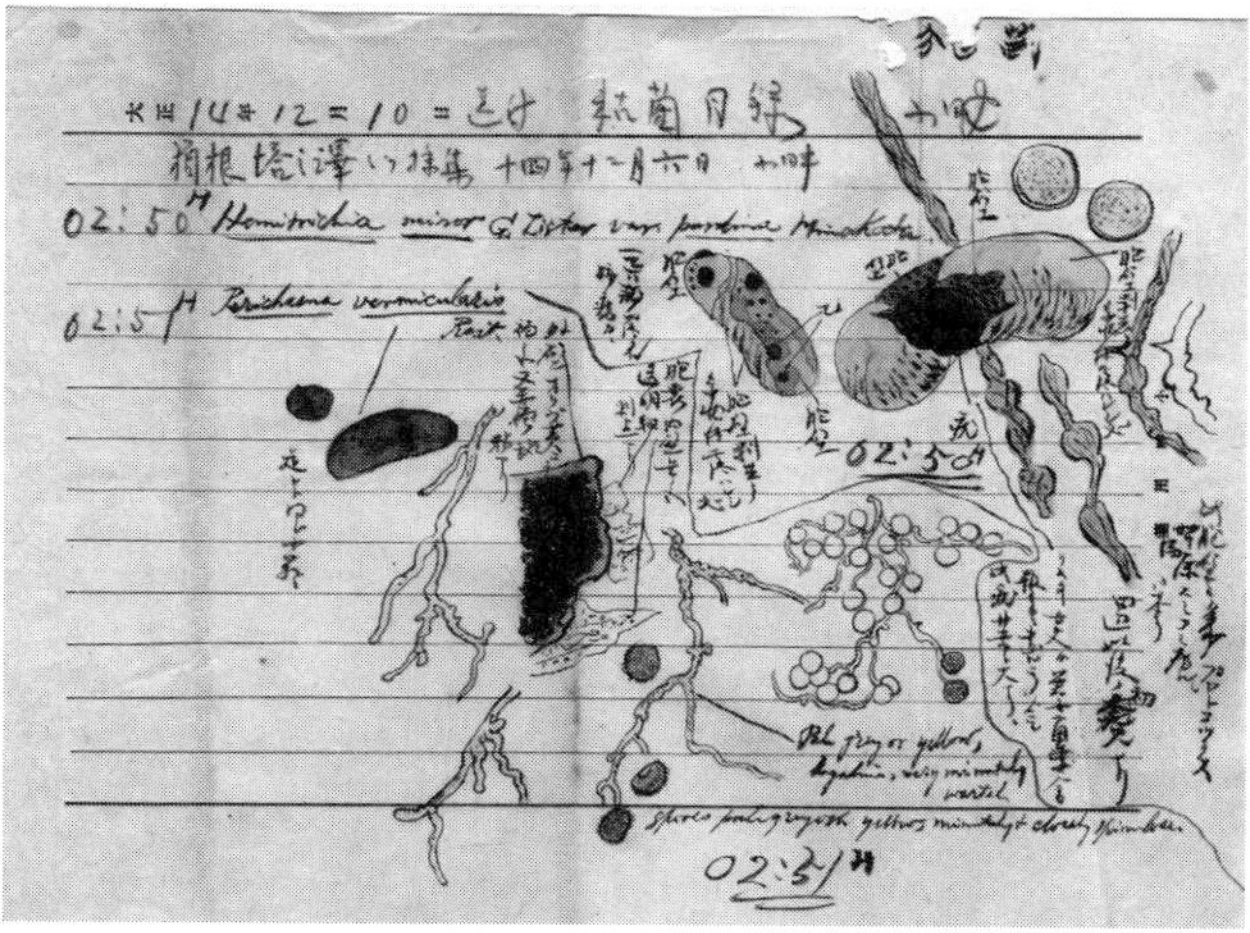

図9-2　熊楠の描いた変形菌
（小畔四郎宛の粘菌目録・検名書、1925年12月10日付、南方熊楠顕彰館、田辺市）

認められているが、それが可能となったのは、標本をリスター父娘に送っていたからであった。

新種の発見というのは、じつは簡単なことではない。これまで見たことがなく、図鑑にも載っていない生物を見つけたからといって、それで即座に「新種発見！」とはならない。すでに研究者のあいだでは知られ、ちゃんと名前の付いた種かもしれないからだ。それをたしかめるのは、一般の愛好家や、ちょっとした研究者では不可能である。その仲間と思われる種が出ている文献を残らず調べ、タイプ標本と呼ばれる実物と照らし合わせ、あらゆる既知の種と異なることを確認しなければならない。そのためには、膨大な文献や標本にアクセスできる環境と立場にいる必要がある。田辺にいる熊楠には、とても無理だった。幸いにして変形菌は小さく、きちんと処理すれば、腐ったり崩れたりすることもない。大きくて傷みやすいキノコとはちがうのである。そのため、イギリスまで無事に郵送できた。

そして送られてきたものをリスター父娘がチェックした。大英博物館やキュー・ガーデンの資料と文献が自在に使えるリスター父娘には、日本から来た標本を調べて、新種として報告することができた。このような人脈をもち、きちんとした手続きを踏んでいたからこそ、熊楠は変形菌の分野で現在まで名を残せたといえる。熊楠は自身では新種と確定することはできず、リスター父娘がいて初めて認定されえたのである。

このような関係は、東京外国語大学の伊東剛史によって、「新種発見の名誉共同体」と呼ばれている。世界各地に無数のアマチュア愛好家やプロの採集者がいる。彼らは大量の標本を採取するが、自分では鑑定や報告ができない。そのため専門の研究者に送付し、文献や標本と引き合わせてもらう。もし送ったなかに新種があれば記載、発表となる。新種の学名は発見者に献名されることがあり、たとえばミナカテラ・ロンギフィラといった名前が付き、永遠にその名が残る。いっぽうの研究者は、新種の報告者としての栄誉を得る。すなわち、発見者と研究者の双方に名誉がもたらされる互酬的なシステムが機能していたのである。

変形菌を研究対象に選んだのは、熊楠の慧眼でもあった。変形菌は、胞子→アメーバ細胞または鞭毛細胞→変形体→子実体→胞子という生活環をたどる（図9－3）。このうち変形体のときは自由に形を変えつつ、栄養を求めて枯れ葉や枯れ木の上を移動する。そのようすは、まるで動物のようである。やがて乾燥や飢餓に見舞われると、動くのを止めて小さなキノコのような子実体を形成し、熟したら胞子を飛ばす。こちらはキノコや植物に似ている。一九世紀には、生物界を動物と植物に二分する考

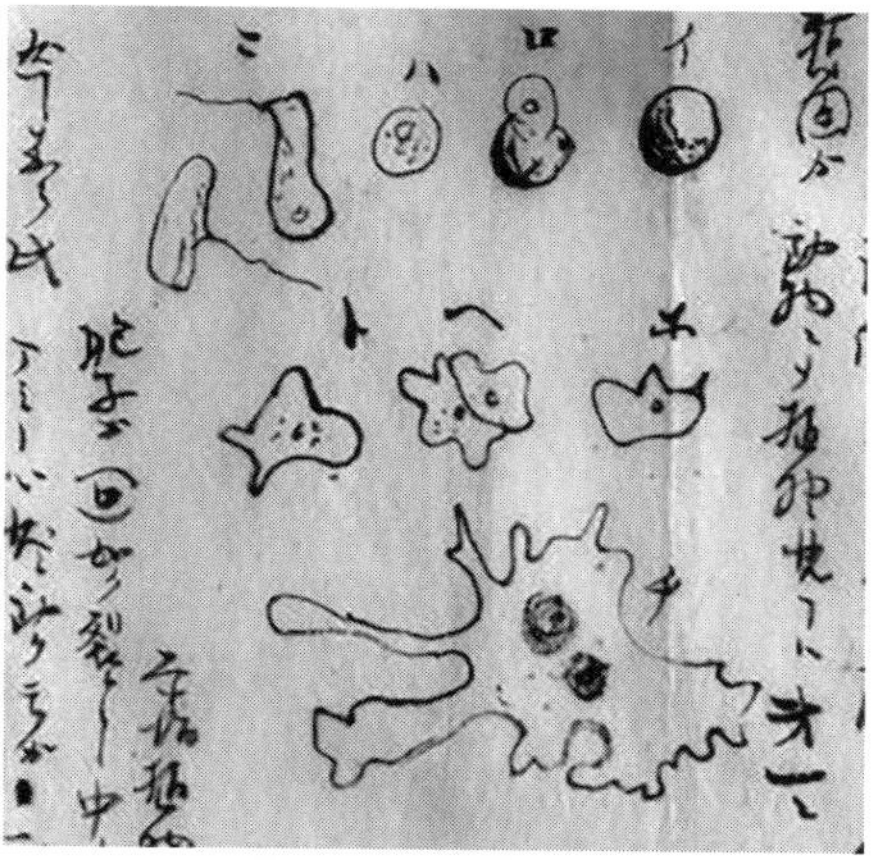

図9-3　熊楠による、変形菌の生活環の図解
（平沼大三郎宛の1926年11月12日付書簡、南方熊楠顕彰館、田辺市）

え方が主流であった。そのなかで、植物と動物の両方の特徴をもつ変形菌は、生物の起源や進化の謎を解き明かす重要な存在と考えられたのである。

熊楠が変形菌に注力したのは、このことに気づいていたからであった。熊楠は「鼻が利く」タイプだった。変形菌の得体の知れない在り方を、熊楠の奇人のイメージと重ね合わせるひとも多いが、それは誤解というべきだと、わたしは思っている。

しかし、熊楠はやがて変形菌からキノコへ重点を移してしまう。ひとつの理由は、新しい種類が見つからなくなったからであった。変形菌は世界的に見ても種類が少なく、現在では総数がおよそ九〇〇種と考えられている。また、世界中に共通する種が多い。胞子が軽くて大気中を漂い、気流に乗って運ばれ、あちこちに飛んでいくからといわれる。日本では現在約三〇〇種の変形菌が見つかっており、熊楠は那智時代から田辺時代にかけて一二〇種ほどを集めた。変形菌に関しても、やはりコンプリートには程遠い状態にあったわけだ。ともかく、総種類数が少ないということは、やがて新しい種が見つからなくなることを意味する。新奇なものが見当たらなくなれば、飽きてしまうのも当然だろう。それから第二の理由として、熊楠は次第にリスターへの従属的な立場に満足できなくなっていたのではないかと考えられる。

変形菌研究は熊楠に大きな栄誉をもたらした。きちんと学術報告のかたちをとっていたため、同じく変形菌を扱っていた昭和天皇の知るところとなり、交流が始まるのである。一九二六年一一月一〇日（当時はまだ皇太子）には、熊楠からご進献といって弟子の小畔四郎を通して九〇点が献上される。さらに即位後の一九二九年六月一日には、昭和天皇の和歌山方面への行幸に合わせて、ご進講をおこなうこととなった。昭和天皇に生物学に関する講義をしたのである（図9－4）。当然ながら変形菌は主要な話題となり、熊楠が大きなキャラメル箱に標本を入れて持参したエピソードも有名だろう。これによって熊楠は名士としての立場を確立していく。

図9-4　ご進講を記念して、妻の松枝と撮った写真（南方熊楠顕彰館、田辺市）

キノコについて発表できなかった熊楠

第三章でとりあげた牧野富太郎の「南方熊楠翁の事ども」では、熊楠のことを「実は同君は大なる文学者でこそあったが、決して大なる植物学者ではなかった」と述べていた。なぜかといえば、「植物ことに粘菌については、それはかなり研究せられた事はあったようだが、しからばそれについて刊行せられた一の成書かあるいは論文があるかと言うと、私は全くそれが存在しているかを知らない」、また新種をいくつか発見していたようだが、「それを堂々と正式に欧文をもって公刊発表したかと言うと、一向にそんな事はなかったようだ」という。すなわち、研究成果を論文として発表しておらず、新種を発見しても報告を怠っていたから、植物学者として認めるわけにいかないというのである。

これはまさに本章で扱ってきたテーマに関わる問題だろう。熊楠が変形菌を自身で鑑定、記載、報告できなかった点については、すでに見た。実際には一篇も論文を発表していないわけではなく、「植物学雑誌」に何篇か出している。「本邦産粘菌類目録」(二二巻二六〇号、一九〇八年九月)、「訂正本邦産粘菌類目録」(二七巻三二一号、一九一三年九月)、「訂正本邦産粘菌類目録」(二九巻三四五号、一九一五年九月)、「本邦産粘菌諸属標本献上表啓」（四〇巻四八〇号、一九二六年一二月）、「現今本邦に産すと知れた粘菌種の目録」（四一巻四八二号、一九二七年二月）である。「植物学雑誌」には牧野も目を通していたはずだが……。

いっぽうでキノコに関しては、熊楠はまったくといっていいほど学術的な報告をしていない。こちらは牧野の批判のとおりなのである。なぜ、変形菌とは状況が異なったのだろうか。

熊楠がキノコに関心を抱いたのは東京時代のことで、「グレヴィリア」（三巻、一八七二年）というキノコの専門誌に、イギリスのM・J・バークリーとアメリカのM・A・カーティスが六〇〇〇種を集めたと書かれているのを読み、それを超えてやると意気ごんだ。一九一九年八月二七日付の上松蓊宛の書簡でも、「何とぞ七千点日本のものを集めたし」と述べている。渡米後に本格的に採集を始め、イギリスに移ってからもハイド・パークなどで励んだのは、第三章で見たとおりだ。ロンドン時代の一八九五年一月七日の日記には、アメリカ時代をふくめて九一〇種を集めたと記録がある。

一九〇〇年一〇月一五日に神戸港に帰りついた熊楠は、いったん大阪南部の岬町にある理智院に滞在したのち、実家を経て、一一月一九日から和歌山市の円珠院に入る。

「菌類図譜」の作成が始まったのは、この寺にいるあいだのことだった。菌類図譜にはF番号と通称されるものが振られ、キノコを意味するファンジャイの頭文字と考えられている。現存するF番号は、F. 2がもっとも早く、一九〇〇年一一月二一日に採取された、馬の鞍のような形状をしたノボリリュウというキノコの仲間である（ただし、この日の日記にはキノコの採取記録はなく、一一月二九日にツチグリを採取した記録が最初となる）。このあとも熱心に採集をつづけ、膨大な数の図譜が作成されていった（数字が最大のF. 4755は、死去する前年の一九四〇年一一月四日。ただし、それ以後も作成されつづけ、日付としては一九四一年五月二七日のものがある）。熊楠の菌類図譜は、現在は国立科学博物館の筑波実験植物園に移管されている。

キノコの数は膨大である。現在でも、日本には名前の付いていないキノコが数千種あるといわれるほどだ。哺乳類や鳥類や被子植物が徹底的に調査され、ほとんど残らず命名され、図鑑に掲載されているのとは大違いだ。それだけ調査が難しいということでもある。キノコは一時期しか発生しないし、あっという間に傷んで消えてしまう。毎年、同じ場所に発生するとも限らない。さらには個体ごとの姿形も多様で、同じ種であっても専門家が迷うほど色や形にバリエーションがある。地中にしか生じない種もある。しかも、移植や栽培は難しい。菌根といって、植物の根と共生関係をつくっている種が多いためである。マツタケがいまだに人工栽培に成功していないのは、このせいなのだ。そのため実験室なり植物園なりの観察しやすい状況下で調べるのも困難となる。

これに熊楠はとりくもうとしたのであった。いくら調べても、次々と新しい種が見つかって尽きない。一生を費やしても終わらない研究対象であり、いつまでも未完のままでいられる。熊楠にとっては、理想の研究対象だったといえよう。

熊楠がキノコにとりくみはじめた当時、日本のキノコ研究はまだ緒についたばかりであった。明治以前のキノコの知識はけっして豊かとはいえず、たとえば『和漢三才図会』では第一〇一巻がキノコの章となっているが、霊芝（マンネンタケ）など中国のキノコから始まってキクラゲ、マツタケ、ハツタケとつづき、収録されている総数は二一種にとどまる。江戸期のキノコの博物図譜を見ても、出ているのは数十種程度で、マツタケやシメジといったお馴染みのものが多い。日本に無数に生えているキノコのほとんどは、その存在を認識されておらず、名前も付いていない状況だった。

菌類図譜には何が記されているのか

熊楠の菌類図譜は、キノコの写生図、標本、胞子、英文記載の四つの要素からなる（すべての図譜で四点ともそろっているわけではない）。写生図は水彩で描かれ、非常にカラフルだ。途中までは熊楠自身が手がけたが、やがて娘の文枝にも任せるようになる。標本は、薄くスライスして乾燥させたものが貼り付けてある。胞子は、小さな紙包みに、雲母片に挟んで入れてある。虫害を防ぐために砒素で処理した標本もあり、それには「毒」と注意書きがされ、最初に見たときはおののいた。

そして英文記載だが、まず左上にF番号がある。熊楠による整理番号で、原則として時代順になっている。つづいて学名である。図鑑などで確認できたものには該当する名が書かれている。マツタケなど、当時すでに学名が付いていたものは問題ない。しかし、熊楠は図譜のほとんどに学名を書きこんでおり、これは本当ならありえない。なぜなら、すでに述べてきたように、日本のキノコのほとんどは未調査で、学名が付いていなかったからだ。

にもかかわらず学名が書かれているのは、海外から取り寄せたキノコの図鑑から似ているものを探し、あてはめたためであった。南方熊楠顕彰館に残るそれらの図鑑を見ると、熊楠の書きこみがびっしりとあり、熱心に調べていたことがわかる（図9－5）。ところが、変形菌と異なり、ヨーロッパやアメリカのキノコと日本では共通する種が少ない（後述）。そのため、実際には多くが別の種であったと考えられる。さらに

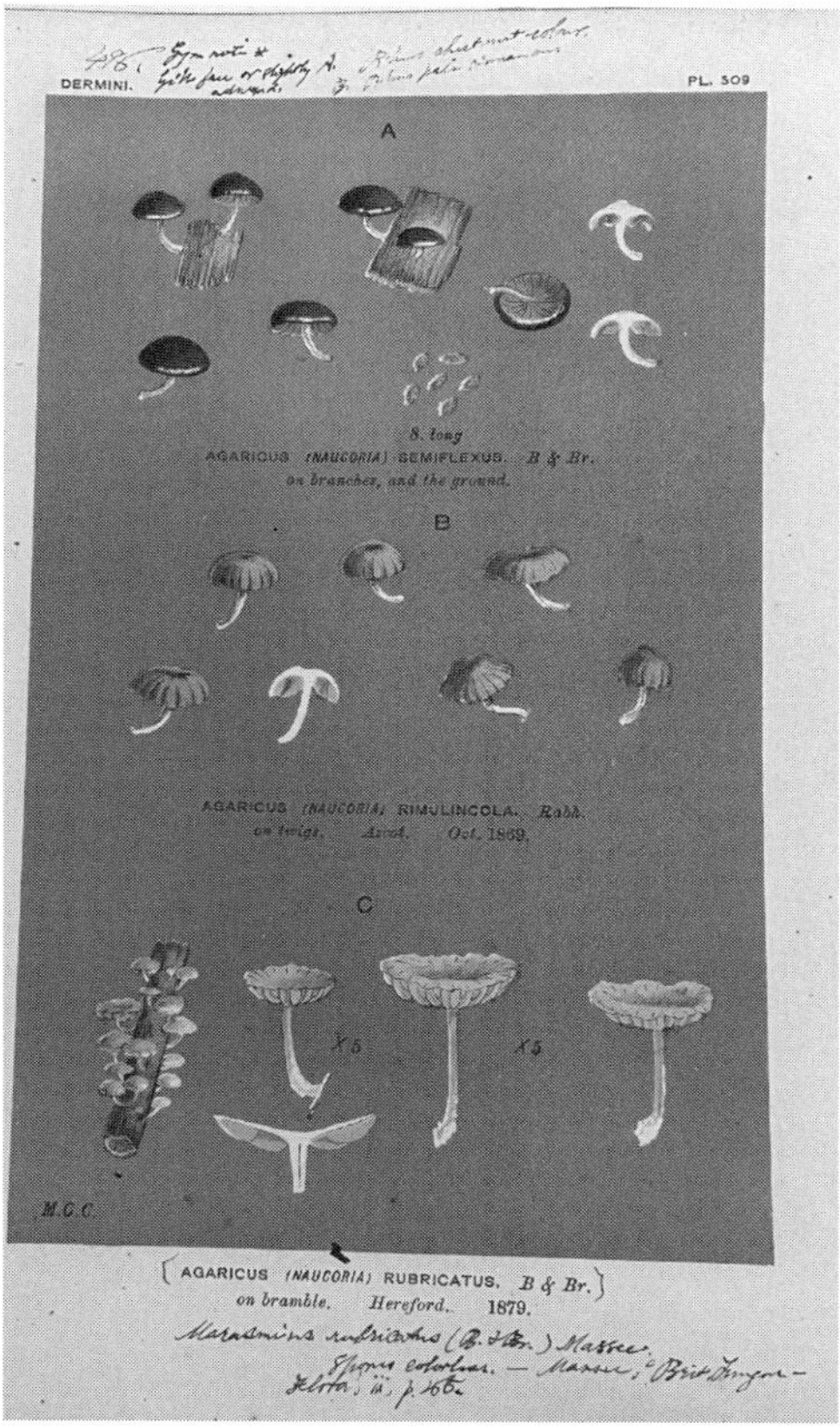

図9-5
M. C. クック『英国キノコ図鑑』（1884年～）。熊楠の書き入れがびっしりと見られる
（南方熊楠顕彰館、田辺市）

熊楠自身が、新種を次々と命名していたことも判明している（後述）。

菌類図譜に戻ると、つづいて記載文となり、採取場所、採取地、採取者、記載日が示される。それからキノコの生え方、形状、色、匂い、味などが詳述されていく。

さきにふれたF. 2の場合、採取地は和歌山県愛宕山と書かれ、斜面の苔のあいだに生えていたとある。採取者はK・M、すなわち南方熊楠だ。学名は*Helvella elastica* Bull.とある。Bull. はピエール・ビュイヤールという一八世紀フランスの医師、菌類学者のことで、この種を図入りで発表したことから、記載者として名を残している。記載者（発表者）には、このようにして名を残す栄誉が与えられたのであった。ただし、国立科学博物館での調査によれば、学名が書きこまれたのは、のちに同一種を採取した一九三〇年の可能性が高いようだ。つまり、一九三〇年にこのキノコを採取したとき、以前に描いたことがあるのを思いだして、F. 2の図譜に加筆したのである。これも優れた記憶力によるものといえよう。抜書と同様に、手で「書く／描く」ことで覚えていた点も共通する。一九三〇年の段階では、欧米のキノコ図鑑を入手していたために学名がわかり、F. 2の図譜に書きこんだのだろう。

なぜ発表しなかったのか

変形菌とちがって、熊楠はキノコについてきちんと発表しなかった。熊楠のキノコ研究が変形菌と比べて有名でないひとつの理由はここにある。なぜリスター父娘に相当するようなイギリスの専門家に送らなかったのかというと、キノコは変形菌とくらべて地域差が大きいからだ。共通する種もなくはないものの、イギリスと日本だったら、ほとんど同じキノコは生えない。

さきに述べたように、キノコの多くは植物と共生して菌根をつくる（シイタケなど枯れ木に生えるものは別）。現在では、被子植物、裸子植物、シダ植物のほとんどと、コケ植物の一部が菌根を形成することがわかっている。それらの植物の根に菌糸が入りこみ、植物からは光合成でつくられた有機物が提供され、菌からは窒素、リン、水などがもたらされる。多くの植物は、共生している菌類をとりのぞかれると枯れてしまうという。起源は古生代のデボン紀といわれるほど古く、それだけ植物にも菌類にも欠かせないシステムとなっている。しかも、ある植物には特定の菌類と、組み合わせが決まっていることが多い（完全な一対一対応ではない）。変形菌が枯れ木や枯れ葉を栄養としており、どこにでも生育できるのとは、大きく異なるのである。

このような理由でキノコは地域性が強く、イギリスの権威たちに頼れなかったのであった。イギリスでもキノコはアマチュア博物学者たちの関心を集め、古くから研究され、多くの図鑑が出版されていた。ところが、それらを見ても日本のキノコのことはわからない。変形菌とは、大きく状況が違った。キノコを研究するにあたって、熊楠は独力で進めなければならなかったのである。

同時にそれは学会への発表手段を欠くことも意味する。熊楠はイギリスとのつながりを重視しており、日本の研究者を軽視する傾向があった。日本にももちろん当時からキノコ研究者はいたものの、彼らに対して情報提供者という下位の存在に甘んじるのは我慢ならなかったのだろう。熊楠は日本で出たキノコの図鑑ももっていたが、南方熊楠顕彰館に残るそれらを見ると、種名が並んでいるだけで、図がない。これでは、熊楠の役には立たない。結果として、熊楠は自分ひとりで研究することになった。発見した種が新種であるのかどうかも、よくわからない。孤独な作業であったはずだ。

くりかえしになるが、熊楠はイギリス、イタリア、ドイツなどで出たキノコ図鑑をとりよせ、みずからの研究に役立てていた。しかし、科や属は共通しても、種のレベルで一致するものは少ない。そのため熊楠は独自に学名を付けていくことになる。たとえば、F. 2755のように、*Flammula? (Lubrici?) hologlutinosa* Minakata. と命名者が「南方」になっているものは、熊楠が独自に新種をつくったのだと考えられる。もちろん自分で仮に付けた種名だから、このままでは公式に学会で認められるものにはならない。疑問符が多出するあたりには、熊楠の迷いも感じられる。

熊楠は献名にも手を出しており、F. 2763は*Psilocybe (Tenaces) Kusumotoi* Minakataと、採集者の楠本秀男（龍仙）の名が付けられている。楠本は田辺の画家で、熊楠の肖像画を手がけたほか、一九二一年一〇～一一月の高野山への採集旅行の際にお供して、熊楠の採ったキノコを写生したことが知られる。これもまさにそのときのキノコである。

何年か前に、熊楠の菌類図譜を新種という観点から調べたことがあったと聞く。すると、ある特定の属にかぎっても、現在でも新種であるもの、当時は新種だったものがいくつも見つかったという。もったいない、ちゃんと発表していればと思うが、熊楠には不可能だったのである。それでもなお、きちんと記録しつづけた熊楠の努力には感嘆するしかない。

牧野が大勢の協力者によって植物標本を集めたのに対して、熊楠は自身と少数の「弟子」たち（図9－6）、近所の知人の協力で採集したのみで、ほとんどは和歌山の限られた地域のキノコだった。それでも、五〇〇〇枚以上の図譜ができるのだから、キノコの種の多様性は驚異的だ。そしてここからは熊楠の独自の収集観が読みとれる。網羅的でなく、コンプリートも求めないという姿勢だ。キノコ図鑑の出版といった成果には結びつかないが、それは生態系の理解につながるといった重要性をもつ。網羅することはもちろん大切だが、熊楠のようにとにかく集めて記録することにも大きな意味があるのだ。

　熊楠の残した菌類図譜は、歴代の国立科学博物館の研究員たちによって調査され、もう少しで全貌があきらかになりそうだと聞く。熊楠の残した「未完の仕事」が日の目を見るのが待ち遠しい。

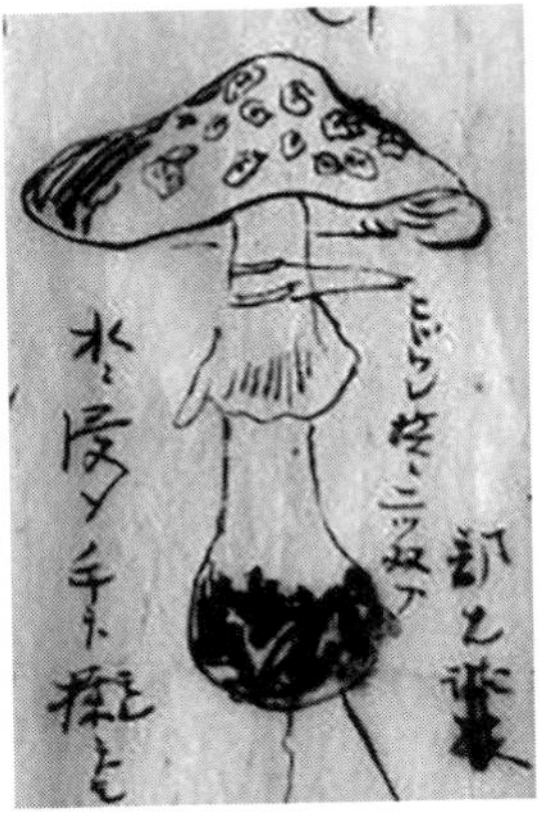

図9-6　北島脩一郎宛の書簡（1935年4月20日）に描かれたテングタケの仲間。北島は熊楠の弟子で、菌類四天王と呼ばれた。当時、田辺高等女学校の教員

（南方熊楠顕彰館、田辺市）

終章　熊楠の夢の終わり——仕事の完成と引退とは何か？

夢の研究

熊楠は若いころから、睡眠中に見る夢の記録を付けていた。アメリカ時代の一八八八年六月一六日の日記には「この一週間で、羽山蕃次郎氏を夢に見ること三夜」とあり、故郷の親友が何度も夢に出てきている（図10－1）。一〇月三一日には、

暁に故谷富次郎氏を夢に見た。神保町の樫田氏方に某氏（名を忘る。竹川と碁の相手だった人）を訪れる。そのなかに青ざめた客がひとりいた。それが谷氏である。みずから言うには、身体が水中に陥った。しかれども死なず、南洋に漂泊す、と。その図を示す。余、金をやって去る［……］目が覚める。――案ずるにこれは、畝傍艦《うねび》と谷氏の事を混同して見たものだろう

という記述がある。谷富次郎は和歌山、東京時代の親友で、「故」とあるように、このときすでに亡くなっていた。一八八七年一二月一一日、浜松沖で秀郷丸が遭難し、乗船していた谷も船と運命をともにしたのであった。畝傍艦とは、海軍がフランスに

発注した巡洋艦で、日本へ回航中の一八八六年一二月三日にシンガポールを出港したあと、南シナ海上で行方不明となった。大きな話題になり、熊楠もそのニュースを知っていたからこそ、こんな夢を見たのだろう、とみずから分析している。熊楠の夢に

図10-1　1886年12月1日、渡米直前に撮った羽山蕃次郎（左）との写真（南方熊楠顕彰館、田辺市）

は、故人がしばしばあらわれ、熊楠はそれを幽霊の一種と考えていたふしがある（詳しくは拙著『熊楠と幽霊』）。

それにしても、「畝傍艦と谷氏の事を混同して見たものだろう」とあるように、夢についてもきわめて現実的な解釈をしている。第八章の妖怪研究のところで見たとおり、熊楠は意外なほどのリアリストなのだ。しかし、リアリストであり、合理的に解釈しようとするがゆえに、熊楠は夢には何か意味があるのではないかと悩む。幻だとしりぞけたり、しょせん夢ではないかと笑い飛ばしたりできないのである。熊楠は真剣に夢の研究にとりくんでいき、ロンドン時代には土宜法龍宛に「小生は多年間夢のことを研究す」（一八九三年一二月二一日付）と述べている。

夢を研究するにあたって最初の一歩となるのは、見た夢の内容を正確に思い出し、記録することである。それができなければ、どうしようもない。熊楠も初めのうちは夢を思い出すのに苦労したものの、右の法龍宛書簡でつづけて、

夢から覚めるときに身体を少しでも動かすと、たちまち忘れてしまうものです。そのため、習慣として、夢から覚めてすぐにとび起きてそれをメモするよりは、

じっと夢を見たときの位置にそのまま寝転がって目を閉じていれば、いま見た夢の次第を記憶し、思い出しうることを発見したのです。〔……〕長年のあいだ、このようにして多くの夢を記録してきました

と、思い出すための方法論を編み出していく。熊楠の夢の研究については拙著『熊楠と幽霊』でふれたほか、秋田公立美術大学の唐澤太輔がとりくみ、また近年では熊楠の睡眠時間と研究活動の関係を雲藤等が分析している。

そして未翻刻だった後半生の日記が解読されたことで、夢の研究がずっと後年まで継続されていたことがわかってきた。最晩年の一九四〇年一二月三一日の日記にも、

朝十一時半に起きた。その前、夢で『烈女伝』如きものが漢文で書かれているのを読む。画でも像でも、その女が生きている如く見えた。相木森之助の妻の更《さら》科《しな》を何人かの壮夫が捉え去り、その身体を調べて異状がないのを確かめた〔……〕

とある。若いころとかわらず、謎めいた夢だ。『烈女伝』は、前漢の劉向によって

まとめられた伝記集。相木森之助は信州の村上家に仕えた武芸者で、妻の更科も勇猛な女性として知られた。この二人は山中鹿之助の両親とされることもある。相木は講談にもなっているから、東京時代に寄席に通った熊楠の記憶に残っていたのかもしれない。熊楠はこの夢について、「これは昨夜読んだ近松の『太子伝記』の月益女のことによるか」と分析している。近松門左衛門の『聖徳太子絵伝記』にも勇猛な女性が登場し、それと混乱したのかもしれないというのだ。こんな夢を見ているとは、さすが熊楠……。

熊楠がもっとも長期間にわたって研究をつづけたのは、夢だったのである。

現在でも夢の研究は難しい。ひとが何のために夢を見るのか、なぜ夢はあんなにも突拍子もないものなのか、夢はなぜ映像として認識されるのか。どれもわかっていないことばかりだ。

熊楠の時代にも、熱心にアプローチがなされていたものの、決定的な方法論はなく、心理学や神経科学、宗教学、心霊科学、民俗学、文学などがそれぞれにとりくんでいた。熊楠はそれらを次々と試した。古典にあらわれた夢の記録を参照したり、イギリスの心霊科学をかじってみたり、民俗学によって世界各地から類例を探したり。そして英文でも邦文でも夢について、たくさんの文章を残した。

夢の研究は、熊楠の研究方法や人生観をもっとも明瞭に映しだしている。夢はだれもが見るものである。なぜあんな夢を見るのか、とても気になる。ところが、解明するための方法論は確立されておらず、研究の価値がある。夢がきわめてバリエーションに富む点も重要だったのだろう。しかも、日常のなかで無数にあらわれ、お金をかけずに「入手」できる。ひとつの方法／視点ではなく、多様な角度からとりくまなければならないというのも、熊楠の気性に合っていた。ありふれているけれど、どこか不思議で、なかなか解決できない点が、熊楠を夢にとりくませたのだ。

熊楠が夢を完全に理解し、そのプロセスや意味をあきらかにできると本当に考えていたかはわからない。しかし、その困難さこそが熊楠を惹きつけたのではないか。未解明なものに、ずっととりくみつづけること、それこそが熊楠にとっての学問だった。

学問からの引退

学者にとっての引退とは何であろうか。一般の会社員であれば、定年によって仕事を終える。しかし、学者の場合はちょっと違う。わたしの所属している学会や研究会

（南方熊楠研究会のほか、歴史学や民俗学など）では、大学を退職したひとたちがバリバリ活躍している。名誉教授たちが大学を離れたあとも熱心に研究し、学会で報告し、論文や著書を生みだしつづけているのである。

これは分野にもよるだろう。熊楠研究だったら、平凡社版『南方熊楠全集』が手元にあり、南方熊楠顕彰館の所蔵資料にアクセスさえできれば、いつまでも研究をしていられる。英文学や哲学もおおよそ同様と考えられる。しかし、大学を離れたら停止せざるを得ない研究分野もある。たとえば、大規模な実験施設を必要とする研究は無理だし、数学なども能力が衰えてしまったら、一線で活躍するのは難しい。

熊楠研究の場合は、大きな機械も資金も必要ではないから、引退のタイミングは本人が決めるしかない。我々の仲間には、これまで「引退」を決意したひとが二人いた。ひとりは七〇歳を過ぎたくらいで、一区切り付いたといって離れようとした人物である。もともと意図せずに熊楠研究に関わり、その中心となった方だったが、本来の中国民話の仕事に戻りたいということであった。ただし、完全に離れてしまうのではなく、重心を移していくといった「引退」だった。もうひとりは自然科学の立場からアプローチしていた人物で、勤めていた研究施設を定年になったあと、熊楠関連の書籍や資料をすべて手放し、悠々自適の老後を送っていると聞く。熊楠研究と完全に袂を分かったわけではないにせよ、「あの先生は引退したのだな」と見なされている。

熊楠に「引退」という意識があったのかは、もうひとつ判断がつけづらい。晩年まで夢の研究に熱中しているし、菌類図譜も亡くなる年までつづけた。しかし、英文論考、すなわち「国際的な活躍」に関しては、明確に終止符を打ったタイミングがわかっている。一九三二年かぎりで「ネイチャー」と「N&Q」の購読を止め、一九三三年一月七日号の「N&Q」に出た「コクマルガラスの伝承」が最後の英文論考となったのである。

なぜ英文論考を書かなくなったのか、明確な理由はわかっていない。熊楠自身が述べた資料は見あたらず、日記にも手がかりがない。六〇代もなかばを過ぎており、また一九二九年の昭和天皇へのご進講後は名士としての立場が確立されたため、もうそんなにがんばらなくてもよいと考えたのだろうか（図10－2）。少しあとのことになるが、東京で計画された皇紀二千六百年（一九四〇年）の記念行事（一一月一〇日）にも、和歌山県民代表（学術功労者）として招待されたくらいである（出席はしなかった）。かつては「国際的な活躍」を周囲にアピールし、みずからのプライドの支えとしていたが、

図10-2　熊楠の「エコロジー」や、ご進講の舞台となった神島

牧野の言葉に「南方君は往々新聞などでは世界の植物学会に巨大な足跡を印した大植物学者だと書かれ、また世人の多くもそう信じている」とあったように、世間的にも立派な学者として認められ、それをアイデンティティとすることができた。

田辺抜書の最後の第六一冊は、一九三四年一月七日から作成され、『熊野巡覧記』『熊野本宮御鎮座本記』『葬頭河温婆之縁起』を写し、おそらく一〇月二〇日で終了している。あれほど熱心にとりくんでいた抜書も、ここでやめてしまったのである。ひとつには経済的に安定して、ほしい本を自由に購入できるようになったのが理由だろう。横浜の富豪の平沼大三郎らの援助によって、金銭的な心配はもはやなかった。また「彗星夢雑誌」に類するような幕末維新期の資料も、大正から昭和初期に翻刻が出され、もはやわざわざ抜書するほどの資料は少なくなっていた。さらにくわえて、指や目の不調もあったのだろう。一九三〇年代末には、日記を書く文字も力を失い、弱々しくなっている。

一九三〇年代前半、すなわち六五歳前後、現在の大学でも定年となっている年齢が、熊楠にとってひとつの区切りとなったことがうかがわれる。

しかし、邦文論考の執筆には最後まで熱心で、死去する一九四一年になっても七篇の邦文論考が「日本及日本人」と「大日」という雑誌に掲載されている。最後の邦文論考となったのは、「日本及日本人」四〇三号(一九四一年一二月一日号)に出た「蔵六」であった。四〇二号に出た鹿野山人という人物の投稿を読んで執筆したもので、亀の別名を蔵六と呼ぶことの始まりについて、明朝に出た『潜確居類書《せんかくきょるいしょ》』に収められている『雑阿含経《ぞうあごんきょう》』から、「亀がジャッカルに捕られ、首、尾、四足の六つを蔵[隠す]して出さず」という故事を示している。

夢の研究、菌類図譜の作成、邦文論考の執筆といった分野については、引退など考えていなかったように見える。

永遠に終わらない熊楠

本書の冒頭に記した、我々熊楠研究者がよく受ける質問に戻る。はたして、熊楠は何かをなしとげたのだろうか。著作なり図鑑なりで仕事をまとめることはなかったし、英文論考や妖怪研究でも明確な結論を出していない。そのため、これまで熊楠はすごいけれども、よくわからない偉人という印象をもたれることが多かった。牧野のように、後世に残るような業績はないと批判する人物すらいた。しかし、それは学問というものをアウトプットを中心にとらえ、なおかつコンプリート（完成ないし結論を出すこと）をよしとする風潮によるものではないか。

ここまで見てきたように、熊楠はインプットに重きをおき、なおかつコンプリートには関心をもたないタイプの学者であった。コンプリート、すなわち完成していないものはアウトプットに結びつきにくい。そしてアウトプットされていないものは、わかりづらく、評価も難しい。けれども、近年は熊楠のインプットの部分が解明されつつある。抜書類の解析が進み、菌類図譜も全貌が見え、日記もすべて解読できそうな

図10-3　熊楠の死後間もないころの書庫内写真。ここに書物、抜書、標本、図譜が収められていた（南方熊楠顕彰館、田辺市）

ところまで来ている。それによって明確になったのは、熊楠が「書くこと」と記憶を軸とした巨大な情報データベースをつくりあげており、その構築にこそ人生をかけてとりくんでいたという事実である（図10－3）。抜書や菌類図譜は、そうしたデータベースの一部と捉えることができる。いっぽうでアウトプットされたもの、すなわち論考や書簡にあらわれた情報は、データベースからチラリと顔を出した氷山の一角にすぎないのである。熊楠という巨大な氷山の全体像や、かれのめざした学問の目的は、いまようやく描けるようになってきたといっていいだろう。

こうした熊楠の活動を特徴づけるのが、未完性なのである。熊楠が仕事を完成させなかったのは、怠慢や能力不足によるものではない。むしろ、熊楠にとって研究とは「終わってしまってはいけないもの」であった。キノコは未知の種がいくらでも見つかる。夢はけっして解明されず、いつまでも難問としてそびえつづける。抜書にしても、書き写すべき本は無数にあった。言語の学習にゴールはない。論考を執筆するネタが尽きることもなかった。

これらは、熊楠のありあまるほどの天才を満足させてくれる巨大な謎であり、終わることのない研究テーマだったのである。むしろ簡単に答えが出て、論文にしたらおしまい、では困るのだ。それではあっという間にやることがなくなってしまう。そうした観点からするとキノコも夢も理想的で、もしかしたら、終わらないからこそ、熊楠はこれらを研究対象として選んだのかもしれない。そして未完であることによって、最後まで熊楠は充実した日々を送れたのであった。そこには、研究の完成はない。しかし、引退もなかった。それは研究者、いや人間ならだれもが夢見るような、幸せな人生ではないだろうか。

こうした熊楠の在り方は、短期間で結果を出し、アウトプットを欠かさないことを求められる現在の学問状況に異議を突きつけるものでもある。アウトプットしなければ何もしていないも同然と思われがちだが、実際には熊楠のように、はちきれんばかりに豊かな学問もありうるのだ。それは一生をかけてとりくめる研究スタイルでもあった。

我々熊楠研究に携わる人間は、熊楠の未完の仕事を追いかけている。熊楠のとりくんだテーマのさきにいったい何があるのかを、残された膨大な資料をもとに考えている。さらには熊楠を研究対象として分析するのみでなく、そのやりかけの仕事を引き継ぐ責務もある。エコロジーやキノコには、まだまだ調査し、考えなくてはならない問題が山積している。いまこそ、熊楠の「未完」から、世界を見つめなおすべきタイミングなのではないだろうか。

主要参考文献

・『南方熊楠全集』全一二巻、平凡社、一九七一〜七五年。
・『南方熊楠日記』全四巻、八坂書房、一九八七〜八九年。
・『南方熊楠大事典』松居竜五・田村義也編、勉誠出版、二〇一二年。
・『柳田国男・南方熊楠往復書簡集』上・下、平凡社、一九九四年。
・『南方熊楠 珍事評論』長谷川興蔵・武内善信校訂、平凡社、一九九五年。
・『南方熊楠英文論考［ネイチャー］誌篇』飯倉照平：監修、松居竜五・田村義也・中西須美訳、二〇〇五年。
・『南方熊楠英文論考［ノーツ アンド クエリーズ］誌篇』飯倉照平：監修、松居竜五・田村義也・志村真幸・中西須美・南條竹則・前島志保訳、二〇一四年。
・『南方熊楠 菌類図譜』萩原博光：解説、ワタリウム美術館：編集、新潮社、二〇〇七年。
・『原本翻刻 南方二書——松村任三宛南方熊楠原書簡』南方熊楠顕彰会学術部編、南方熊楠顕彰会、二〇〇六年。
・『熊楠研究』一九九九年〜。
・畔上直樹『「村の鎮守」と戦前日本——「国家神道」の地域社会史』有志舎、二〇〇九年。
・飯倉照平『南方熊楠——梟のごとく黙坐しおる』ミネルヴァ書房、二〇〇六年。
・志村真幸『日本犬の誕生——純血と選別の日本近代史』勉誠出版、二〇一七年。
・志村真幸『南方熊楠のロンドン——国際学術雑誌と近代科学の進歩』慶應義塾大学出版会、二〇二〇年。
・志村真幸『熊楠と幽霊』集英社インターナショナル、二〇二一年。
・志村真幸・渡辺洋子『絶滅したオオカミの物語——イギリス・アイルランド・日本』三弥井書店、二〇二二年。
・武内善信『闘う南方熊楠——「エコロジー」の先駆者』勉誠出版、二〇一二年。
・松居竜五『南方熊楠——複眼の学問構想』慶應義塾大学出版会、二〇一六年。
・南方文枝『父 南方熊楠を語る』日本エディタースクール出版部、一九八一年。

おわりに

熊楠については、以前から不満に思っていたのである。なぜこのひとは、ちゃんと結論を出さないのか。わたしがずっと扱ってきた英文論考でも、議論を広げるだけ広げておいて、畳むことを知らない。前著『熊楠と幽霊』で扱ったような、死後の魂の行方についても、心理学、心霊科学、民俗学、文学と八方手を尽くして研究したわりには、最後がどうなったのかわからない。

本人はそれで満足だったのかもしれないが、読者/研究者としてはたまったものでない。あと、わたしは探偵小説の愛読者なので、最後に真相があきらかにならないと、なんだか落ち着かないのである。

なぜ熊楠は未完でいられたのか。その状態に満足し、また社会的にも許されていた理由はどこにあるのか。つねに業績を求められ、短期間で結論を出さなければならない現在の研究者とは大きくちがう。わたしたちがいまやっている学問や研究と、熊楠がとりくんでいたものとは、本当に同じものなのだろうか。そんなことから、熊楠の

「未完」について探求してみたいと思ったのだ。

熊楠についての研究（そして一般ファンの興味関心も）は、熊楠の前半生に向けられることが多い。最後に何をなしたのかではなく、熊楠がもっていた「偉大な仕事をなしとげられたかもしれない可能性」がひとを惹きつけている気がする。であるならば、完成しなかったことを通して熊楠を分析すれば、従来とは異なる熊楠像が見えてくるのではないか。

しかし、本書の執筆を通して熊楠の未完について考えていったところ、逆にその奥深さに気づかされることになった。そもそも結論を出すために学問をしているわけではない。学問をすること自体が楽しく、充足した時間なのだ。そして未完であるのも、案外、悪くないんじゃないかと思い始めた。むしろ怖いのは、終わってしまうことなのだ。やることがなくなり、追究すべき「謎」がなくなってしまったら、どうしたらいいのか。定年を迎えたサラリーマンが、公園に行ってベンチに座っているしかないといった話を聞くことがあるが、それは怖すぎる。

わたしも引退について考えることはあるものの、まだしばらく時間の余裕がありそうなので、どうするか迷っている。もっと別にやりたいことがあれば、熊楠研究から離れてもいいけれど、これほどおもしろいテーマ／人物もなかなかいない。

さいわいにして、熊楠の資料はまだ山のようにある。ロンドン抜書や田辺抜書は全体像が見えてきたとはいえ、翻字についてはは手も付けられていない。日記の分析もこれからだ。書簡や来簡も、いくらでも新出資料が出てくる。熊楠が商業用の原稿を書く際につくった構想メモである「腹稿」は、あまりに読みにくく断片的なため、「十二支考」の「虎」を解読するだけで数年もかかった。しかし、腹稿はまだ一〇〇点くらいある。

当分、熊楠研究が「終わる」心配はなさそうだ。

講談社現代新書　2710

未完《みかん》の天才《てんさい》　南方熊楠《みなかたくまぐす》

二〇二三年六月二〇日第一刷発行

著者　志村真幸《しむらまさき》

発行者　鈴木章一

発行所　株式会社講談社
東京都文京区音羽二丁目一二―二一　郵便番号一一二―八〇〇一
電話　〇三―五三九五―三五二一　編集（現代新書）
〇三―五三九五―四四一五　販売
〇三―五三九五―三六一五　業務

装幀者　中島英樹／中島デザイン

印刷所　株式会社ＫＰＳプロダクツ

製本所　株式会社国宝社

定価はカバーに表示してあります　Printed in Japan

N.D.C. 289　255p　18cm
ISBN978-4-06-532636-7

「講談社現代新書」の刊行にあたって

教養は万人が身をもって養い創造すべきものであって、一部の専門家の占有物として、ただ一方的に人々の手もとに配布され伝達されうるものではありません。

しかし、不幸にしてわが国の現状では、教養の重要な養いとなるべき書物は、ほとんど講壇からの天下りや単なる解説に終始し、知識技術を真剣に希求する青少年・学生・一般民衆の根本的な疑問や興味は、けっして十分に答えられ、解きほぐされ、手引きされることがありません。万人の内奥から発した真正の教養への芽ばえが、こうして放置され、むなしく滅びさる運命にゆだねられているのです。

このことは、中・高校だけで教育をおわる人々の成長をはばんでいるだけでなく、大学に進んだり、インテリと目されたりする人々の精神力の健康さえもむしばみ、わが国の文化の実質をまことに脆弱なものにしています。単なる博識以上の根強い思索力・判断力、および確かな技術にささえられた教養を必要とする日本の将来にとって、これは真剣に憂慮されなければならない事態であるといわなければなりません。

わたしたちの「講談社現代新書」は、この事態の克服を意図して計画されたものです。これによってわたしたちは、講壇からの天下りでもなく、単なる解説書でもない、もっぱら万人の魂に生ずる初発的かつ根本的な問題をとらえ、掘り起こし、手引きし、しかも最新の知識への展望を万人に確立させる書物を、新しく世の中に送り出したいと念願しています。

わたしたちは、創業以来民衆を対象とする啓蒙の仕事に専心してきた講談社にとって、これこそもっともふさわしい課題であり、伝統ある出版社としての義務でもあると考えているのです。

一九六四年四月　野間省一

哲学・思想Ⅰ

哲学・思想Ⅱ

宗教

27 禅のすすめ——佐藤幸治
135 日蓮——久保田正文
217 道元入門——秋月龍珉
606 「般若心経」を読む——紀野一義
667 生命《いのち》あるすべてのものに　マザー・テレサ
698 神と仏——山折哲雄
997 空と無我——定方晟
1210 イスラームとは何か——小杉泰
1469 ヒンドゥー教　クシティ・モーハン・セーン　中川正生 訳
1609 一神教の誕生——加藤隆
1755 仏教発見！——西山厚
1988 入門　哲学としての仏教　竹村牧男
2100 ふしぎなキリスト教——橋爪大三郎　大澤真幸
2146 世界の陰謀論を読み解く——辻隆太朗
2159 古代オリエントの宗教　青木健
2220 仏教の真実——田上太秀
2241 科学vs.キリスト教——岡崎勝世
2293 善の根拠——南直哉
2333 輪廻転生——竹倉史人
2337 『臨済録』を読む——有馬頼底
2368 「日本人の神」入門——島田裕巳

世界の言語・文化・地理

日本史I

Ⓖ

日本史Ⅱ